IPOを相談されたら

税理士が読む本

OAG税理士法人 [編]

中央経済社

はじめに

　ここ数年の国内市場の新規上場に係る会社数は，年間おおむね90社程度です。2023年は96社であり，このほか32社が公募増資・売出が必要ないプロマーケット市場に上場しました。

　この会社数からして税理士の先生方の顧問先が新規上場するのは稀だと推測されますが，とはいえないわけではなく，また，新規上場を狙っている顧問先は，希望も含め潜在的にも相当数あるのではないでしょうか。

　ただ，顧問先が上場したいと考えていても，顧問の税理士の役割は税務支援だけであると考え，顧問先も税理士もお互い積極的に上場に関する相談・対応等することは残念ながらわずかと思われます。

　しかし，顧問税理士こそ，その会社の新規上場に必要な資本政策の策定，関連者間取引の解消，過去の会計処理の経緯，沿革等に関して，その対応に最もふさわしい専門家であると確信しています。

　本書では，顧問税理士の先生が，新規上場したい会社やそのオーナー経営者に対し，どのような支援等が可能かを，Q&A式で解説いたしました。

　なお，本書における「上場」は，オーナー経営者のいる会社が，資金調達のための公募増資や既存株主からの売出を伴う上場を想定しています。したがって，子会社株式上場やプロマーケットへの上場には関係ない事項も含んでいます。また，新規上場の経験のある税理士にとっては今更感があるかもしれませんし，各項目の詳細についてはそれぞれ専門書等が数多く発行されています。

　本書が，これから新規上場する会社・したい会社を顧問先とする税理士にとって，まずは入門編としてご参考となれば幸いです。

2024年4月

　　　　　　　　　　　　　　　　　　　　　　　　著　者

目　　次

第1章

顧問税理士はオーナー経営者の立場に立てます

Q1 顧問税理士が上場支援することのメリット

顧問先である中小企業のオーナー経営者から，いずれ会社を上場したいといわれました。夢ではなく，3年後とかを想定しているようで，上場して多額の資金調達によりさらなる投資で事業拡大を考えているとのことです。顧問税理士である私は，新規上場の支援をしたことはありませんが，どのような支援ができるか興味があります。また，上場後に顧問税理士を替える話もよく聞くので，上場準備中から上場後まで対応可能な税理士でありたいと考えています。そこで，顧問税理士として，どのような支援が可能でしょうか。

A 上場準備には，主幹事証券会社の支援や監査法人等による会計監査が必要ですが，その支援や監査を受ける前の時点で，顧問税理士であるからこそ気づき，実行できることがあります。また，その支援や監査が始まってから生じる，会社が解決すべき事項への対応もできます。さらに，上場後には大企業特有の税務問題等に対応することになります。

解説

1．上場申請期の3期前以前の支援

上場申請期（N期）の期首以前2年間（N－1期・N－2期）になると，会計監査や株式移動に関する制限期間等があり，増資・ストックオプションの発行等も含め，さまざまな制約や規制を受けることになります。

しかし，その前（N－3期以前）においては，株価もまだ安く算定され（**Q12**参照），資産管理会社へのシフト（**Q23**参照）や，ストックオプションの発行・割当（**Q14〜16**参照）につき，オーナー経営者や会社にとって比較的自由に策定・実行することができます。

ただ，これらの資本政策の策定・実行にあたって，オーナー経営者や会社だ

けでは人的リソースも含め困難であることが多いことから，顧問税理士の支援が必要になってきます。

2．上場申請期の2期前以後の支援

　上場申請期（N期）の期首以前2年間（N−1期・N−2期）は，主幹事証券会社の支援や監査法人等の会計監査が本格稼働します。

　主幹事証券会社からは，たとえばオーナー経営者やその親族と会社との私的取引の整理を求められます（**Q28・29**参照）。これは，税務調査で指摘される役員賞与等の考え方と親和性があり，顧問税理士が今まで指摘してもなかなか改善されなかった取引があれば，まさにこれを解消する良い機会となります。

　監査法人等からは，たとえば今まで税務署に通すためだけの会計処理（いわゆる税務会計）を，財務諸表規則に則った会計処理をするよう求められます。これにあたって，たとえば引当金を計上する場合はその算定方法の理論武装を支援し（**Q5・7**参照），過去に遡及処理するような場合は，法人税申告書の別表5⑴を修正する（**Q33**参照）など，支援する事項は多岐にわたります。

　さらに，N−2期には内部管理・統制体制の整備を，N−1期にはその実行および内部監査を実施することになりますが，会社の事業内容を深く理解している顧問税理士であればこそ，内部監査の実行精度を上げるための助言（**第6章**参照）が効果的です。

　このほか，上場準備会社をホールディング化する場合や，子会社等を統廃合するにあたって，組織再編を求められるケース（**第3章**参照）も多くありますが，税制適格要件を満たすことが求められるため，これも税理士ならではの支援といえます。

3．上場後の支援

　上場会社になれば，原則として社内で税額計算や税務申告書を作成することを求められますが，税法という専門性の高い業務につき，社内で完結できるのは上場会社といえど多くはありません。そこで，社内で税に関する妥当性を判

断できる人員がいることを前提に、顧問税理士に対し税額計算や税務申告書の作成を依頼することが認められています（**Q5**参照）。また、税務調査の立会いも問題ありません。したがって、上場前後問わずその業務は基本的に変わりません。ただし、財務情報の開示には期限がある（**Q5**参照）ことから、四半期ごとの税額計算^(※)・決算時の税額計算について、その精度（税額計算の誤謬があれば開示に影響（**Q38**参照））も含め、業務の負荷は増えます。

　そのほか、一般的には会社における各種取引額が非上場時代より多額になることから、それに伴い生じる税務リスクもより大きな金額になりがちです。法務リスクと同様、取締役会に諮る前に税務リスクも助言すべきであり（**Q39**参照）、特に新たな取引・取引形態、組織再編、取締役への株式報酬等は、事前の検討が必要です（**Q40**参照）。

（※）金融商品取引法による四半期報告書は、半期報告書を除き、2024年4月1日以後開始する事業年度に係るものから廃止されますが、決算短信（四半期決算）は引続き開示が必要です。

【全体スケジュール概要】

インサイダー取引と顧問税理士

　インサイダー取引とは，開示されていない（未公表の）会社の情報等であって，投資すべきか等の判断に重大な影響を与えるものにつき，上場会社の関係者等が，その職務・地位等により知り得た状況下で，自社株等を売買することです。

　日本取引所自主規制法人は，上場株式の発行会社が公表した投資判断に重大な影響を与える情報（増資，減資，倒産，合併，決算等の重要事実）とその売買動向（投資者の属性と売買状況等）を分析しており（売買審査），インサイダー取引の可能性があれば証券取引等監視委員会に報告します。証券取引等監視委員会は，取引市場の監視のほか，証券会社等へのモニタリングを実施し，日本取引所自主規制法人からの情報も含め，インサイダー取引の事実が認められれば，金融商品取引法により，刑事告発や課徴金納付命令の勧告処分を行います。

　これは，情報等が未公表の段階であれば，その情報等を知らない投資家は，知り得た関係者等に比べて不利な条件下で取引を行うこととなり，市場の信頼性が損なわれるとされるためです。

　上場会社やそのグループ会社の顧問税理士は，その会社の未公表の重要情報に接する機会があることからこの関係者等に該当する可能性が高いため，その会社の株式の取得・売却は控えるか，または仮に取引する場合は，会社や主幹事証券会社と相談しながら，売買時期を慎重に検討すべきです。

　ちなみに，税理士法人等の場合は，担当税理士等は関係者等とされますが，その情報の報告を受けることになる上司や審理部門スタッフも該当します。さらに，その情報の保管方法により他のスタッフが閲覧可能な状況になっていれば，その税理士法人等のスタッフ全員が関係者等とされかねないため，未公表の重要事実情報の管理にも留意が必要です。

Q2 上場できる会社と顧問税理士の活躍の機会

顧問先である中小企業のオーナー社長に，3年後に上場するつもりだといわれました。ところが顧問税理士である私に，上場に関して相談することはない，すべて証券会社や監査法人やコンサルティング会社に依頼するから，といわれてしまいました。私は上場準備会社や上場会社の顧問経験はないので，社長のいうことはもっともだと感じつつ，今まで資金繰りや個人的な相談にも乗ってきたことから，釈然としません。そもそもこの会社が上場できるレベルなのかわかりませんが，本当に顧問税理士は不要なのでしょうか。

A 上場するためには，上場基準のクリアが絶対要件です。実効性のある事業計画に基づく業績が，上場基準の形式要件を満たせなければ，上場できません。

また，上場準備において，特に初期にこそ，顧問税理士が活躍すべき機会があります。

解説……………………………………………………………………………

1．上場基準と事業計画

上場会社になるということは，パブリックカンパニーとなって市場の判断を仰ぐ立場になるため，上場基準（形式基準（後記3参照）・実質基準）をクリアする必要があります。各基準をクリアするためのベースとなるのが企業の成長性・安定性・継続性等であり，それを裏付けるものの重要な要素の1つが，事業計画の策定と実行です。業績以外の形式要件等はなんとか準備できるとしても，事業の将来性等が不明であれば，上場は非常に困難です。

事業計画は，単に数字の羅列だけでなく，その事業の元となる商品・サービス等につき，以下の内容等の説明と，それを反映した金額により策定します。

- 市場が大きく，または汎用性・拡張性等が期待できる
- 実効性のある販売戦略
- それを支える安定した商品・サービス等の供給・製造（仕入れルートも含む）
- 販売購買を支える管理体制（品質管理を含む）
- 成長等に合わせた人的物的投資とその方法
- 同業他社との優位性や他社にない特徴
- それを維持できる法的・合理的根拠（知的財産権等の保全を含む）
- リスクの可能性とその対策（リスクヘッジできる体制）

　もちろん，事業計画は絵に描いた餅ではなく，実際に実行することでその計画の妥当性を証明する必要があります。また，東証グロース市場に上場する場合は，高い成長率（＋年30％等）が求められます。

2．顧問税理士の活躍の機会

　上場は，会社が主体性をもって進めるものであり，主幹事証券会社やコンサルティング会社に丸投げでできるような簡単なことではありません。

　主幹事証券会社（証券（公開）引受部）は情報提供と進捗管理は行いますが，手を動かしてくれるわけではありません（**Q6**参照）。

　監査法人は会計監査を第三者的立場で実施するため，顧問税理士のように手取り足取り，処理の判断やその根拠の整理等をしてくれるわけではありません（**Q7**参照）。

　コンサルティング会社に依頼しても，ある日突然外部から支援に入ってくるため，その会社の事業内容や特徴や沿革等をまだ知らず，彼らがそれを習得する時間も報酬対象となり，事業計画の策定にも時間がかかります（**Q8**参照）。

　経営者個人の意見・事情等を考慮した資本政策にいたっては，誰も策定してくれない可能性が生じます（**第2章**参照）。資本政策はオーナー経営者個人に関わることが多いため，社内スタッフでは対応が困難なケースが多いのです。

　そこで，上場準備において，特に社内体制等が再構築されるまでの初期にこ

そ，今まで顧問をしてきた税理士が社内のスタッフと共に活躍する機会があるのです。また，資本政策については，オーナー経営者の意見をくみ取り，初期だけでなく上場直前まで，顧問税理士が支援すべきと考えられます。

　日頃から上場に関する知識や情報を提供することで，経営者の信頼を得ると共に，サービス内容が税務顧問の範囲を超えていれば，税務顧問のほか新規上場支援として別途提案・契約して報酬等を得ることも可能ではないでしょうか。経営者や会社にとっても費用対効果でメリットがあると思われます。

3．形式要件等

【東京証券取引所グロース市場の形式要件】

2023年4月1日現在

項目	グロース市場への新規上場
株主数 （上場時見込み）	150人以上
流通株式 （上場時見込み）	流通株式数 1,000単位以上 流通株式時価総額 5億円以上 （原則として上場に係る公募等の価格等に，上場時において見込まれる流通株式数を乗じて得た額） 流通株式比率 25％以上
公募の実施	500単位以上の新規上場申請に係る株券等の公募を行うこと （上場日における時価総額が250億円以上となる見込みのある場合等を除く）
事業継続年数	1か年以前から株式会社として継続的に事業活動をしていること
虚偽記載又は不適正意見等	「上場申請のための有価証券報告書」に添付される監査報告書（最近1年間を除く）において，「無限定適正」又は「除外事項を付した限定付適正」 「上場申請のための有価証券報告書」に添付される監査報告書等（最近1年間）において，「無限定適正」 上記監査報告書又は 四半期レビュー報告書に係る財務諸表等が記載又は参照される有価証券報告書等に「虚偽記載」なし 新規上場申請に係る株券等が国内の他の金融商品取引所に上場されている場合にあっては，次の（a）及び（b）に該当するものでないこと （a）最近1年間の内部統制報告書に「評価結果を表明できない」旨の記載 （b）最近1年間の内部統制監査報告書に「意見の表明をしない」旨の記載
登録上場会社等監査人による監査	「新規上場申請のための有価証券報告書」に記載及び添付される財務諸表等について，登録上場会社等監査人の監査等を受けていること
株式事務代行機関の設置	東京証券取引所（以下「東証」という）の承認する株式事務代行機関に委託しているか，又は当該株式事務代行機関から株式事務を受託する旨の内諾を得ていること

単元株式数	単元株式数が，100株となる見込みのあること
株券の種類	新規上場申請に係る内国株券が，次のaからcのいずれかであること a 議決権付株式を1種類のみ発行している会社における当該議決権付株式 b 複数の種類の議決権付株式を発行している会社において，経済的利益を受ける権利の価額等が他のいずれかの種類の議決権付株式よりも高い種類の議決権付株式 c 無議決権株式
株式の譲渡制限	新規上場申請に係る株式の譲渡につき制限を行っていないこと又は上場の時までに制限を行わないこととなる見込みのあること
指定振替機関における取扱い	指定振替機関の振替業における取扱いの対象であること又は取扱いの対象となる見込みのあること

【上場審査の内容】

2022年4月4日現在

項目	内容
企業内容，リスク情報等の開示の適切性	企業内容，リスク情報等の開示を適切に行うことができる状況にあること。
企業経営の健全性	事業を公正かつ忠実に遂行していること
企業のコーポレート・ガバナンス及び内部管理体制の有効性	コーポレート・ガバナンス及び内部管理体制が，企業の規模や成熟度等に応じて整備され，適切に機能していること。
事業計画の合理性	相応に合理的な事業計画を策定しており，当該事業計画を遂行するために必要な事業基盤を整備していること又は整備する合理的な見込みのあること。
その他公益又は投資者保護の観点から東証が必要と認める事項）	－

（出典）日本取引所グループ　上場審査基準概要（グロース市場）
　　　　https://www.jpx.co.jp/equities/listing/criteria/listing/02.html

Q3　上場会社と非上場会社の違い

顧問先である中小企業のオーナー社長に，3年後に上場したいといわれました。顧問税理士である私に，顧問業務は多少変わるかもしれないけれど，上場後も引き続き相談に乗ってもらいたいとのことです。しかし，私は非上場会社の税務顧問しか経験がありません。上場会社については常識的な範囲で理解しているつもりですが，念のため改めて，上場会社と非上場会社の違いにつき，比較して教えてください。

A　上場会社は，市場を通じて広く一般に投資を募ることで資金を直接調達することができます。そのため，投資家の期待する業績や成長性等に応えると共に，投資家の判断を歪めることがないように，その開示した業績等が正しいものであることを表明する会計監査および社内のガバナンス・統制体制等が整備されている必要があります。また，会社法だけでなく金融商品取引法等に従う必要があります。

解説
1．資金調達方法
(1)　上場会社

上場とは，その会社の発行する株式を証券取引の市場に上げることです。発行する株式を市場に出す（公開する）ことで，資金調達方法は，金融機関からの融資やファンド等による投資だけでなく，広く一般に公募増資や社債等を引き受けてもらうことができます。

(2)　非上場会社

その会社の発行する株式につき，非上場では親族や関係者など閉ざされた中でしか売買や増資ができません。したがって，資金調達方法は，オーナーや縁

故者からの増資・融資のほかは，金融機関からの融資やファンド等による投資が主となります。

2．業績・重要な事実等の開示

(1)　上場会社

　市場において自社の発行する株式を投資家に購入（投資）してもらうためには，投資家にとってその会社の業績等が予見可能でなければなりません。そのためには，その株式を発行している会社が，事業計画等により目標をどこに置いているのか明示されていること，しかるべき業績を上げていること，将来性があること，安定した配当を出せること等，複数の要素につき一定のレベルが要望されます。そこで，上場会社では所定の報告[※]を所定の期限までに開示（適時開示）しなければなりません。

> （※）決算短信・有価証券報告書・業績予想の修正等の決算情報，訴訟や大株主の異動等の重要事実の発生情報，合併・新規大型取引等の決定情報などをいいます。決算短信は，四半期・決算期末から45日目以内に適時開示する必要があります。

(2)　非上場会社

　オーナー経営者の場合，業績や設備投資等につき，必要に応じて他の株主へ説明することもありますが，多くの場合は金融機関に対する説明が主となります。また，正確な業績は税務署の提出期限までに間に合えばよい，と考える経営者も多くあります。

3．会計監査

(1)　上場会社

　上場会社においては，会社法等だけでなく，金融商品取引法[※]に基づく監査を受けることが義務付けられています。なお，会社法監査は株主と債権者保護を目的としますが，金融商品取引法監査は投資家保護を目的とします。

　ちなみに，会計監査を受ける場合は，会計監査を受けるための期間が決算確

定までに必要になります。定時株主総会の日時につき，定款で2カ月以内と規定している場合は，3カ月以内と規定し直すと共に，申告期限の延長手続きも行う必要があります。

（※）金融商品取引法は，株式（有価証券）の発行・売買取引等を公正に行うための法律なので，上場会社はその発行する株式のために，金融商品取引法の順守が求められます。

(2) 会社法監査（一定規模の上場会社・非上場会社）

上場会社か非上場会社にかかわらず，資本金が5億円以上または負債金額が200億円以上（非上場会社であっても指名委員会等設置会社・監査等委員会設置会社であれば対象）であれば，会社法に基づく公認会計士・監査法人による会計監査を受けて，計算書類（※）が適正に作成されているか監査を受ける必要があります。

（※）会社法の計算書類は，①貸借対照表，②損益計算書，③株主資本等変動計算書，④個別注記表，⑤付属明細書です。ちなみに，金融商品取引法の財務諸表は，①貸借対照表，②損益計算書，③株主資本等変動計算書，④キャッシュ・フロー計算書，⑤附属明細表です。

(3) 非上場会社

会社法監査の規模等に満たない非上場会社であれば，会計監査を受ける義務はありません。この場合，その会社の作成する計算書類を第三者として検証するのは，事実上，課税当局（税務署・国税局等）と金融機関だけであり，課税当局からすれば課税所得が過大（会社が仮装経理により売上を過大計上等している）でも問題はなく，金融機関は調査権がないため融資等の判断にあたって会社の作成した計算書類が適正であることを前提にするしかありません。したがって，会計監査を受けていない計算書類では投資家の信頼を得ることが十分でないと考えられます（そこで，上場準備にあたっては，法律上の義務がなくても任意で会計監査を受けることになります）。

　ちなみに，中小企業の会計に関する指針や中小会計要領に従って顧問税理士が計算書類を作成または作成支援しているケースであれば，信頼性があると主張したくなるかもしれません。しかし，中小企業の会計に関する指針等[※]は，会計情報の開示を求められる範囲が取引先・金融機関・同族株主・課税当局等に限定されていること，費用・損失の計上が税法基準で処理されていても問題ないこと，高度な会計処理に対応できる人員・体制が不十分であること，などの前提によるものです。これでは第三者である投資家の判断において要求するハイレベルな財務情報等としては不十分なのです。

（※）中小企業の会計に関する指針「会社の規模に関係なく，取引の経済実態が同じ
　　　なら会計処理も同じになるべきである。しかし，専ら中小企業のための規範とし
　　　て活用するため，コスト・ベネフィットの観点から，会計処理の簡便化や法人税
　　　法で規定する処理の適用が，一定の場合には認められる。」（本指針の作成に当
　　　たっての方針）

4．内部管理・統制体制

⑴　上場会社

　前記2．のように，投資の根拠とされる業績（財務情報）や重要な事実等について，正しく迅速に公表（開示）する必要があります。正しい財務情報等のためには，会計処理等の不正が生じないよう適正な仕組みに基づいて導き出されたものでなければなりません。また，財務情報だけでなく，事業活動における法令違反・不正等・業務の処理ミス・判断ミスを防ぎ，無駄のない効率的・有効的な業務の遂行や意思決定のプロセス等を明確にする仕組みも必要になります。そのため，諸規程・各種マニュアル・会議体等のルールや仕組み等を反映した業務マニュアル等により適正に業務が遂行され，すなわち正しく管理・統制された中で意思決定・実行・その後の効果等の評価ができるように，内部統制体制（**Q4**・**Q35**参照）を構築する必要があります。

　また，内部統制が適正に有効的・効率的に機能していることを証明する必要もあり，そのため経営者は会社の内部統制が適正に機能しているか評価し，そ

の結果を内部統制報告書として開示します。同報告書は監査法人等の監査対象にもなります。

(2) 会社法の内部統制

　会社法監査の対象となる会社（前記3．(2)参照）は，会社法における内部統制体制を整備する必要があり，これは，主に取締役の職務執行および子会社等グループ会社全体の業務の適正性等を確保するための取締役会を対象とします^(※)。金融商品取引法の内部統制体制（前記(1)参照）における，会社全体を対象とするより範囲は狭くなりますが，内部統制に必要な機能は本質的に同じです。

（※）業務の適正性等の確保には，①取締役の職務執行に係る情報の保存・管理体制，②従業員等の職務執行における法令・定款の適合性確保体制，③監査役の職務を補助する従業員等の設置，④子会社等グループ全体の業務の適正性確保体制等，および，これらを表明する事業報告とその記載内容が監査役等により監査されていることが必要とされています。

(3) 非上場会社

　会社法監査の対象とならない非上場会社であれば，内部統制体制の整備義務はありません。とはいうものの，非上場会社であってもある程度の規模の場合や，許認可等の関係上一定程度の整備をする必要がある場合は，社内規程やルールを整備し，それに基づく運用の必要性に迫られることがあります。

　ただし，それは必要なルールのみに限定することも可能です。ということは，たとえばオーナー経営者の独自の判断で自己資金により大型投資を決定したり（好きなものを買ったり），利益拡大のためには多少の法令違反に目をつぶるといった状況が放置されたりすることもあり得ます。

5．コーポレートガバナンス（企業統治）

(1) 上場会社

　事業計画を達成し，信頼できる財務情報等を開示するにあたって，会社は健

全な経営を行っている必要があります。その会社にとって最適な経営体制（取締役会等の機関）が，適切に構築・運用された内部管理・統制体制により社内を統治・管理することで，投資家だけでなく販売先（消費者）・取引先・従業員等のステークホルダーからの信用も得なければなりません。上場会社はこれを義務付けられており，ガバナンスが有効であることを報告書として適時開示しなければならず，それを継続して証明する必要があります。

(2)　非上場会社

　非上場会社においてもコーポレートガバナンスは重要ですが，そのための仕組みの整備等の義務はありません。

　ちなみに，コーポレートガバナンスの本来の主目的は，株主利益を最大化することにあるため，オーナー経営者の意志＝ガバナンスが効いている，という人もいます。しかし，株主利益の最大化とは，不正・不祥事等が生じないこと，さらには，ステークホルダー（従業員・顧客・取引先・地域社会等を含む）を考慮して，透明性・公正性に基づく迅速・果断な意思決定を行うための仕組み等があって，初めて実現するものです。

　経営者が思い込み等で経営判断を誤ったり，法令順守が十分でなかったり，経営者の知らないところで不正等が生じる体制であったりすれば，たとえオーナー経営者が君臨している会社でも，真の意味でのガバナンスは効いていないのです（**Q35**参照）。

Q4 上場準備会社のすべきこと

　顧問先である中小企業のオーナー社長に，３年後に上場したいといわれ
ました。顧問税理士である私に，顧問業務は多少変わるかもしれないけれ
ど，引き続き相談に乗ってもらいたいとのことです。しかし，私は非上場
会社の税務顧問しか経験がありません。上場会社と非上場会社の違いは
Q3で理解しましたが，非上場会社が上場するまでの過程でどのようなこ
とをしていくのか，また，上場準備を始めるにあたって顧問税理士が支援
できることを教えてください。

A　**Q3**のように，上場会社と非上場会社には差異があるため，その差異を
埋め，上場会社の体制に再構築する必要があります。そのためには準備
作業として，取締役会等の機関を設計・社外取締役等を選任し，統制体
制の構築とその有効な運用のために社内規程等を整備し，その運用等に
必要な人員を採用し，公認会計士・監査法人による会計監査で適正意見
をもらう等します。利益相反となるため取締役等と会社との取引につい
ても整理します。さらに，上場時の公募増資・大株主の売出により株主
構成等が変わることで必要となる資本政策および中長期経営計画・事業
計画の策定等を行うこととなります。

解説

　上場したい顧問先が，その目指している市場における上場基準をクリアする
ための準備等が必要です。各市場では，「新規上場ガイドブック」「株式上場ハ
ンドブック」といった名称で上場に必要な事項をホームページで開示し，販売
もしています。

　目指す市場がまだ検討中であれば，ベンチャー企業の場合，成長性が期待さ
れる新興企業がメインの東証グロース市場の上場基準を参考とするのがよいで
しょう。

　ちなみに，最近では内部管理・統制体制の整備（後記4．参照）を支援する
AIや，主幹事証券会社・監査法人・証券印刷会社等（**Q6**・**Q7**・**Q8**参照）と
情報共有等するためのクラウドサービスも出てきていますので，それらを活用
するのもよいでしょう。

1．会計監査

　公認会計士または監査法人から，上場前に会計監査（任意監査）を受けて，
適正意見をもらう必要があります。

　そこで，最短でも，上場申請の3期前（申請期をN期とするとN－3期）ま
でに会計監査を受任してもらえる監査法人等を探し，ショートレビューを受け
て改善すべき事項を明確化し，2期分の会計監査を受けます。

　監査法人等による会計監査は新規上場前に2期間分[※]必要ですが，期首残
高（貸借対照表の各科目の残高）が適正に計上されていなければその期以降の
業績につき適正といえません。そこで，ショートレビューと期首残確定のため，
3期前（N－3期）に，また，監査に必要な時間を確保してもらうためできる
だけ早い時期に，監査契約を締結することが必要です。

　最近は監査難民というように，ショートレビューは受任されたものの会計監
査は受任されるか不明というような状況で監査法人等がなかなか決まらないこ
とが多くみられます。

　したがって，正式な監査契約の締結はまだ先のことであったとしても，監査
法人等は早めに探すことを顧問税理士から会社に助言し，また，人脈を使って
可能であれば監査法人等を紹介するのがよいでしょう。

　ちなみに，その会社がベンチャー企業でシードやアーリー期（**Q20**参照）
で売上がまだない場合は，さすがに監査法人等も受託できないので，売上が生
じてからという約束で内定をもらう努力が必要になってきます。

（※）東証グロース市場に新規上場する場合，N－2期には「無限定適正」または
　　　「除外事項を付した限定付適正意見」が，N－1期には「無限定適正意見」が必
　　　要です（**Q7**参照）。

２．取締役会・監査役会の設置

　適正・継続的な事業活動のために，経営・業務を執行する機関として取締役会を設置し，毎月１回は定期的に取締役会を開催する必要があります。

　東証グロース市場を目指す場合，ガバナンスの有効性（実質基準）のため，申請前の１年間（合併・分割等がある場合は主要な事業の活動期間を加算）は取締役会を設置・開催しなければなりません。さらに，上場会社に必須な監査役会（または監査等委員会，指名委員会等）の設置も必要です。そこで，最短ならＮ－２期内で開催される株主総会で取締役会設置会社とし，Ｎ－１期内で開催される株主総会で監査役会設置会社とします(※)。

　ただし，申請期（Ｎ期）のうち申請日はどの時点（Ｎ－１期の決算直後なのか，第３四半期なのか等）になるか，一般的にはＮ－１期後半以降にならないと予測できませんし，申請のための書類に記載する内容の準備も必要ですから，これらの機関についてはできるだけ早い導入が望まれます。

　というのも，取締役会には最低でも１名以上の社外取締役（上場基準）が，監査役会では半数以上の社外監査役（会社法335③）が必要です。たとえば最少人数で取締役会を構成する場合，取締役の３名のうち１名は社外取締役，監査役会は３名のうち２名は社外監査役・１名は常勤監査役（会社法390③）とします。社外取締役がいない場合は今後確保するかどうかの方針や取り組み状況等の説明を求められる（Comply or Explain（順守か説明か））ことになり，社外取締役を設置しない（順守しない）理由の説明は通常は困難です。そこで，なんとしても社外取締役を探すことになり，業界に精通した者やコンプライアンス等の専門家（弁護士等）に早めに打診する必要が生じます。

　顧問税理士・顧問弁護士はその会社との取引があるため，原則として社外取締役・監査役にはなれませんが，なかなか見つからないときは，まずは取締役会設置会社にすることを優先して一時的に監査役等に就任するか，可能であれば知り合いの税理士等を監査役等に紹介してもよいでしょう。

（※）東証グロース市場に上場後，すぐにスタンダード市場やプライム市場への市場
　　　変更を想定している場合は，市場変更時におけるスタンダード市場やプライム市

場の要件をクリアする必要があるため，それを見越して1期前倒しで取締役会等
を設置します。

3．会計処理制度の整備

(1)　月次決算体制の整備・早期化（取締役会との関連）

　取締役会は，株主から委任を受けた業務執行に関する事項（重要な財産の処
分・譲受，多額の借入，代表取締役の選任，重要組織の設置等，内部統制シス
テムの整備，株主総会開催等々）を決議・決定することになりますが，そのほ
か，業績の達成責任が問われます。業績達成のためには業績の管理が必要です。
業績の管理には，中長期経営（事業）計画にもとづく今期・今月の予算と実績
値の差異を分析し，その差異の発生理由を特定し，差異解消の対応策を検討し，
社内にフィードバックし，場合によっては予算を変更する等といったことを毎
月行うことが必要です。取締役会ではこれらをコントロールし，実行（執行）
することになります。そのためには，毎月の業績を正しく迅速に把握する必要
があることから，月次決算体制の整備が必須となります。業績分析等は取締役
会の開催までに行うため，月次決算は翌月10日までには完了していることが望
まれます。

　東証グロース市場を目指す場合，前記2．のとおり取締役会は少なくともN
−1期の期首から毎月開催するため，月次決算体制の整備・早期化はN−2期
末には完了しておくことが望まれます。

　顧問税理士は，年一決算顧問でない限り，通常毎月月次会計処理を見ている
と思われるので，早期化するにあたり解消すべきネックになっている事項（取
引先からの請求書等が届くのが遅い，社内の決裁が滞留している，経理スタッ
フの知識・経験不足等々）を指摘・解消支援するとよいでしょう。合わせて税
務チェックも早期化することで，月末の業務を他の顧問先の決算作業に充てる
こともできて一石二鳥です。

⑵　決算の早期化

　四半期^(※)・半期・決算期について，早期の財務情報の開示（決算短信は45日以内）が必要になります。会計監査の作業等の期間を考慮し，決算スケジュール（期末日現在の在庫・資産の実地棚卸等から，各科目の残高確定・税額計算・表示組換え等，さらに会計監査後の修正等まで）を日時単位で詳細に組み，そのスケジュールに沿って，経理規程・マニュアル等に従った決算処理や原価計算（製造業にかかわらず，売上原価を構成するコストを集計・按分）等を行います。

　顧問税理士としては，消費税や法人税等の計算に必要な事項・金額（税額控除等のような会計データ以外に必要なデータも）を早期に入手できるように，事前に段取り・要請すると共に，そのために必要な支援を行います。

　ちなみに，決算直前または直後になって，会社から，実はこのような取引がありまして税務上どのような影響がありますか，などというサプライズが生じないよう，日頃から税務に影響しそうな取引を事後でなく事前に相談してもらえる体制の必要性も，会社に理解してもらう努力が求められます。

（※）金融商品取引法による四半期報告書は，半期報告書を除き，2024年4月1日以後開始する事業年度に係るものから廃止されます（**Q1**参照）。ただし，上場規程における四半期決算短信は引続き開示が必要であり，追加でセグメント情報の注記やキャッシュ・フローに関する注記が義務化されます。

⑶　連結会計

　子会社（議決権が50％未満でも人的・融資等による実質支配会社を含み，支配が一時的である子会社を含まない）がある場合，重要性等に関する監査法人等の判断にもよりますが，基本的には連結会計の対象となります。すなわち，子会社がある場合における会計処理の体制整備においては連結会計への対応が必要になります。連結会計では先に子会社の会計を締めてから親会社の会計と連結することになるため，月次決算体制の整備と共に，子会社についても（財務情報等の開示の対象である）四半期ごとの決算体制の整備・早期化が必要となります。

　子会社の税務顧問を兼務している場合は，先に子会社の税額計算等をすることになりますが，別の税理士が子会社の顧問税理士である場合は，意思の疎通をしておかないと，いつまでたっても子会社の決算が締まらないといった問題が生じかねず，連結会計のスケジュールが遅延してしまいます。

4．内部管理・統制体制の整備

　上場会社はその会社にとって最適な経営体制（取締役会等の機関）が，適切に構築・運用された内部管理・統制体制（前記**Q3**参照）により社内を統治・管理する必要があります。

　内部管理のためには，以下(1)以降に関するルール化（社内規程・運用マニュアル・業務フロー等）の構築・整備が必要とされ，内部統制のためには，これらにもとづき適正な業務プロセス等にしたがって業務が遂行されるための体制整備が必要とされます（**Q35**参照）。上場申請時には，内部統制報告書は不要であるものの，内部統制の一部である内部監査の実績（N−1期）および改善点等の記録が求められます。内部監査の実施のためには内部管理・統制体制が整備されている必要があるため，また，上場後最初の事業年度末には内部統制報告書の提出義務があるため，月次決算体制の整備と同様に，N−2期末には完了しておくことが望まれます。

　これらの整備等に関しては，通常は主幹事証券会社の公開引受部と契約し，上場申請できるレベルになるまで，定期的な進捗状況の確認と助言等を受けることになります。

(1)　事業計画・予算編成管理体制

　上場にあたっては，合理的な中長期経営計画の策定が必要です。具体的な事業計画・利益計画，売上・設備投資・資金計画，その他の活動計画などです。これらの計画の実現のために，中長期経営（事業）計画の戦略・数字等を具体化し，単年度予算の編成や予実管理を行う体制を構築します。予算統制のためには，事務局として経営企画室（またはその役割を担う部署）を立上げます。

ちなみに，上場準備にあたっては，証券会社との調整等（**Q6**参照）や，下記(2)～(4)の構築および申請書類の作成等のため，一般的には上場準備室を設置しますが，その上場準備室を上場後にそのまま経営企画室に移行することが多くみられます。

顧問税理士は，財務・経理部のスタッフだけでなく，上場準備室のスタッフとも連携をとって，過去の実績と事業計画に乖離や無理がないか，戦略から導き出される数字に問題はないか，といったチェックポイントを助言することができます。

(2) 組織・諸規程

組織体系（各部門・地位等の職務範囲・権限・責任等）を明確化し，定款（社名表記，目的，機関，株式等に関する規定）の整備，取締役会規程等の新設，稟議規程・承認可能な金額の明確化，予算管理規程・経理規程・固定資産管理規程・文書管理規程等々の作成およびこれらを補完するマニュアル・業務フロー等を作成します。

たとえば，経歴の長い会社の場合，定款の目的に，現在稼働していない事業が記載されていることがあります。このような場合は，その事業を記載する必要性等を検証することが必要になります。

また，金額にかかわる決裁権限が各部門等の責任者になく，すべて社長決裁になっている場合は，義務や責任と共に権限も各部門等の責任者に一定程度，委譲することとし，決裁の実行精度を高めることとします。

顧問税理士は，特に経理規程・固定資産管理規程や，それらに係る経理マニュアル・勘定科目要領に目を通し，法人税や消費税の税務処理にあたって必要な処理やデータが取得できるように規定されているか（消費税の課税非課税共通ごとの補助科目や，少額資産の取得・減損等の処理ルール等），確認すべきです。

(3)　販売・購買体制

- 事業活動の基幹である売上・売掛金，仕入・買掛金等の適正な管理および統制のための体制の整備
- 適正な時期に正しい金額が会計処理に反映される仕組みの構築
- これらの適正な運用のための基幹システム・仕組みの再構築，フローチャートの作成等

を行います。

　ちなみに，不正等が生じない内部牽制機能だけでなく，その業界特有の悪習慣（契約額の水増し・付替え・キープ・裏リベート等）が取引先と生じない牽制機能も必要です。

　ところで，販売・購買データは，決算早期化等のためにも会計データに連動するように仕組み化されることが多くありますが，会計制度上の計上基準と法人税や消費税上の計上基準とは必ずしも一致するわけではありません。会計制度上の収益認識基準により計上することとして仕組み化すると，たとえば，消化仕入の計上額（会計制度上・法人税上はネット計上，消費税上は総額計上），返金負債のある取引の計上額（会計制度上は返金負債を認識，法人税・消費税上は認識なし），販売してカスタマイズして据付納入する場合の計上時期（会計制度上は据付後，法人税・消費税上は販売とカスタマイズそれぞれ）等といった違いが，そのまま気づかれずに会計処理に沿った処理のまま法人税・消費税の税額計算・申告書作成等されてしまうことがあります。

　顧問税理士は，会計データに反映される販売・購買データにつき，これらの計上差異が生じるか・どのような取引パターンで生じるかを把握し，会社に認識させ，法人税や消費税の計算に必要なデータ集計等もできるような仕組みにするよう，支援すべきと考えられます。

(4)　人事労務体制

　コンプライアンス（法令順守）は上場において必須ですが，特に労働基準法等はどのような会社でも適用され，その遵法が重視されます。就業規則等が現

行の労働基準法等に則って作成され，かつ，適正に運用されている必要が当然にあります。そこで，できるだけ早いタイミング（上場申請までまだ間があるからいいだろう，ではなく）で社会保険労務士や弁護士により労務問題が生じていないかのチェック（労務デューデリジェンス）を実施することが望まれます。もし未払残業代が生じていたことが判明したなら，解決するまで上場申請は基本的に不可能なので，たとえすでに退職した者に対するものであっても，解決しておく必要があるからです。ちなみに，労働債務（賃金請求権）は現在，原則5年間，ただし当分の間3年間です。

また，継続的な社員教育も必要となります。管理職によるパワハラ・セクハラ等があると通報されれば，事実かどうかはともかく，上場審査はいったんストップするからです。上場前日に急遽却下されることもありえます。

一方，役員だけでなく従業員向けのインセンティブ（ストックオプション等，歩合・賞与制度の見直し，従業員持株会等の福利厚生等）制度を導入することで，上場にあたって必要な事業計画の達成への寄与や社内体制の整備・再構築の協力が得られやすくなるといわれています。

労務問題が生じていてその解決のために追加支給等する場合は，税務上の取扱いも検討する必要があります。顧問税理士は，その場合の対応や，また，ストックオプションを発行する場合の税制適格要件（**Q15**参照）についても，積極的に意見すべきと考えられます。

5．グループ会社の整備

子会社の業種が多岐にわたっている場合は，ホールディング化することで，各社の業績がホールディング会社に直接反映されることから株価にとって良い影響が生じることがあります。一方，赤字を垂れ流している子会社や，他の子会社等の事業と重複する事業を行っている等により，その会社の存在理由が明確でない場合，清算・合併等の統廃合を求められます。赤字であっても将来的に利益を生む可能性が高いとか，他の子会社の事業と重複していても地域や価格帯が異なる等の合理的な説明ができない場合，投資家から無駄が生じている

としてマイナスの価値（足を引っ張っているだけ）とされてしまうからです。

　そこで，グループ各社の営業内容を精査し，取引を整備し，その存在理由を明確化します。また，役員についても，親会社の役員が丸ごと兼務するのではなく，その子会社だけの経営に専念できるプロパーの役員も求められることがあります。

　なお，N－1期の連結財務諸表の会計監査では無限定適正意見が必要なため（前記1.（※）），組織再編等はN－2期までに完了させておくことが望まれます。

　ちなみに，申請直前のM＆A等は，（よほど規模等が小さくない限り）その買収子会社等についても事業計画や内部統制等の審査対象とされることで，場合によっては上場申請が延期される可能性が生じるため，避ける傾向にあります（**Q27**参照）。

　組織再編には組織再編税制がつきものです。通常は税制適格要件を満たすことが求められるため，早い段階での顧問税理士の検証が求められます（**第3章**参照）。また，子会社等の組織再編にあたって法人税上・地方税上の資本金等をシミュレーションし，均等割や事業税等について，不必要な納税が生じないよう，減資等の助言をすることも大切です。

6．関連当事者等との取引の整備

　会社と関連当事者等（役員・大株主・その親族等）との取引につき，上場審査においては，基本的にすべて解消するように要求されます。上場後には適正な価額や条件等による取引は開示することで認められることもありますが，上場準備会社においては（まだ継続的に開示していない状態であること等により），代替の取引が不可能である等の合理性につき，厳しく判断されます（**第4章**参照）。

　関連当事者間取引の解消には，その取引相手である親族等への説明等が必要になるケースがあるため，できるだけ早めに取り掛かります。N－1期までには解消することが望まれます。会社のスタッフが経営陣に取引解消を伝えるのはなかなか困難なことであるため，顧問税理士からその解消の必要性を伝える

と共に，税務上のリスク解消にもなることを，説得するのが良いと考えられます。

7．事業計画の策定

　以上の1．～6．は，人材・システム投資・外部コンサルタント等の利用等で，（人とお金を投入できるのであれば）いわゆる力業でなんとか整備・対応等することもできると考えられます。

　ただし，業績については，自社の努力だけで達成できるものではありません。商品やサービス等がどれ程優れていても，広告宣伝がどれだけ巧みでも，外部環境や需要レベル等により赤字になることはよくあることです。また，過去の業績がどれほど良くても，上場後の業績や成長性・安定性等の観点から将来性を説明できなければ，投資家（市場）に相手にしてもらえません。

　そこで，説得力のある中長期経営計画（3年～5年程度）や事業計画が，非常に重要となります。特に，スタートアップやベンチャー企業は，実績や前例がない・少ないケースもあるため，提供する商品・サービス等がいかに魅力的であるかだけでなく，それによりどれだけ利益を生むかを合理的な根拠により説明する必要があります（**Q2**参照）。

8．資本政策の策定

　上場時における資本政策は，資金調達のための増資計画だけでなく，事業計画等に基づく想定公募価格（公開価格）をベースとして，株主構成計画（インセンティブプラン・従業員持株会・株式シフト・組織再編等・安定株主づくり・議決権確保等）やオーナー経営者の意向（創業者利得・事業承継対策・相続対策等）の実現を目的として策定します。

　そのためには，上場すると決めたときからすぐにでも資本政策を策定することが望まれます。それは，株式の移動等に関する開示やロックアップ（市場安定化のため，上場後一定期間は市場で株式を売却できない）される影響のほか，資産管理会社への株式シフトやストックオプションの割当等といった，N-3

期以前の株価の低いうちにすべきことが多々あるためです（**第2章**参照）。しかし，上場しようと決めた早期における会社内部では，その人的リソースや，経営陣のプライベートにかかわることから，積極的な対応が必要にもかかわらず実際にはしていないことが往々にしてあります。

　顧問税理士こそ，資本政策の策定に最初からかかわる必要があり，オーナー経営者の意向をくみ取って，事業承継対策（株式承継対策）の税的な影響も考慮した助言・支援ができます。

9．その他

(1)　株式事務代行機関

　証券代行業務を行う信託銀行等に，株主名簿の管理を依頼します（詳しくは**Q8**参照）。

　上場にあたって大幅な定款変更等を行う必要があり，場合によってはこれらの支援を受けることができます。N−1期に契約すれば間に合います。

　これについては，顧問税理士としては特に何か必要なわけではありませんが，法人税申告書に記載する株主名簿は，株式事務代行機関における管理簿にもとづいて作成するのが良いでしょう。

(2)　証券印刷会社

　申請書類等および上場後の開示書類の作成に必要なシステムを導入します（詳しくは**Q8**参照）。

　申請書類の作成の練習等のため，N−1期の早い段階での契約が望まれます。

　顧問税理士としては，申請書類や開示書類の作成に直接携わることは，ほぼないと考えられますが，記載内容の確認は必要と思われます。たとえば，税制適格ストックオプションの発行要項と記載内容は一致しているか，また，株価の算定方法等の記載は正しいか，などです。

(3) 引受シンジケート団

　上場時における株式の公募増資・売出にあたり，主幹事証券だけでなく，複数の証券会社に依頼することで，市場における株式の売れ残りのリスクを軽減します。シンジケート団の組成は必須ではありませんが，主幹事証券会社との調整や，ネット証券による販売網の強みなどを考慮し，組成することが望まれます。

　シンジケート団となる複数の証券会社は，主幹事証券会社ではなく，会社が自身で選択・交渉・契約等することになります。

　顧問税理士としては，日頃から付き合いのある証券会社や人脈等のある証券会社を紹介するのも良いでしょう。N期初めでも間に合います。

(4) 反社チェック

　反社会的勢力とされる人・関係者との取引等はすべて解消する必要があります。非上場企業でも与信等でチェックしていますが，もしチェックが漏れていれば，どんなに業績等が良くても，上場できません（証券所の審査は却下する理由を教えてくれませんが，これに引っかかることも多くあるようです）。全株主，全取引先，全従業員・役員等，その関係会社・親族等すべてを定期的にチェックします。なお，以前は日経テレコンで調査することが一般的でしたが，それだけでは網羅性が十分でないとして，現在は日経テレコンだけでなく警察が利用するシステム等を推奨されることもあり，調査対象者も多いため，専門業者に依頼するケースが増えています。

【東証グロース市場のケース（イメージ）】

項目	作業等	N−３期	N−２期	N−１期	N期（申請期）
会計監査	監査法人の候補選定	■			
	契約	■			
	ショートレビュー	■			
	期首残確定		■		
	適正意見等		■	■	■
機関	社外取締役等の候補者選定		■	■	
	株主総会決議			■	
	監査役設置会社（または監査等委員会など）			■	
会計処理制度	月次決算体制の整備		■		
	月次決算スタート			■	■
	決算早期化の整備		■		
	早期の四半期決算締め（子会社等を含む）			■	■
主幹事証券	主幹事証券の候補選定		■		
	公開引受部と契約・助言			■	■
	証券審査部の審査				■
内部管理・統制体制	上場準備室の設置		■		
	中長期経営（事業）計画		■	■	■
	翌期の予算編成			■	■
	予算と実績の分析			■	■
	諸規程・マニュアル等の整備		■		
	諸規程・マニュアル等に基づく運用			■	■
	販売・購買体制の整備		■		
	適正な販売・購買体制の運用			■	■
	人事労務体制の整備		■		
	労務DD/問題の解決		■		
	適正な人事労務体制の運用			■	■
	社員教育等			■	■
	内部監査スタッフの採用等			■	
	内部監査の実施				■
グループ会社の整備	清算，合併，吸収分割等	■	■		
関連当事者等との取引の整備	対象取引の解消		■	■	
資本政策の策定	策定スタート	■			
	実行・再策定	■	■	■	■
株式事務代行機関	候補選定			■	
	契約，フォロー			■	■
証券印刷会社	候補選定			■	
	契約，申請書類の作成の練習			■	■
上場申請書類	作成の練習			■	
	作成・訂正等				■
東証等	上場申請				■
	東証審査				■
	公募・売出				■

Q5 上場準備会社の税務顧問契約

顧問先である中小企業のオーナー社長に，３年後に上場したいといわれ
ました。顧問税理士である私に，顧問業務は多少変わるかもしれないけれ
ど，引き続き相談に乗ってもらいたいとのことです。しかし，私は非上場
会社の税務顧問しか経験がありません。非上場会社が上場するまでの過程
でどのようなことをしていくのか**Q4**で大体理解しましたが，上場までの
過程における会計・税務顧問業務の変化とその対策，また，したほうが良
い助言等につき，改めて教えてください。

A
　上場準備が進むにしたがって，一般的には，記帳代行業務はなくなりま
すが，税務申告書の作成や税務調査の立会いなどは引き続き対応するこ
とになります。

経理担当者からの質問は，会計処理の質問が減り，監査法人等からの会
計処理・計上額・表示等の指摘に関する対応方法を相談されます。

オーナー経営者からの相談は，資金繰りや事業計画などが減り，所得税
や相続税などの個人的な相談業務が増える傾向があります。

解説 ···

1. 社内で完了すべき処理

(1) 記帳業務

　上場会社は，**Q4**の3. のとおり，月次決算を遅くても翌月10日までに締め
る必要があります。そのためには，毎日生じる取引等につき，迅速な会計処理
が求められるため，通常は，基幹システムや銀行データ等から会計ソフトに直
接処理され，その処理が適正であるかの検証・承認をすることができる仕組み
を社内で導入することになります。

　これらにより，記帳業務は社内で完了することとなり，顧問税理士等による

記帳代行業務は遅くともN－1期にはなくなるはずです。

　ただし，事例としては少ないですが，会計処理や月次決算の妥当性等につき社内で判断できる人員がいることを前提に，（毎日の記帳業務が少量であること等により）外部に依頼しても月次決算を期限までに完了させることができること，その場合，遅延リスクがなく信頼できる組織に外注すること，または，アウトソーシングのスタッフが社内に常駐する等により日々の会計処理等が迅速に行われること等であれば，外注は可能とされています。

(2)　税額計算

　上場会社は，決算時の法人税等の税額算定だけでなく，半期決算においても，法人税等の税額を合理的に見積り計上（簡便的な取扱いを含む）する必要があります。

　前記(1)同様の理由で，税額計算・税務申告書の作成は，原則として社内で行うことを要請されます。しかし，日々の記帳業務や決算作業はともかく，その会社の規模や事業内容等によっては，税額計算や税務申告書の作成までを内製化するには，そのための専門的知識をもつスタッフの獲得・教育等が必要となり，コスト面においても困難なケースが多々あります。

　そこで，会社の規模等や税法の高い専門性等を鑑みて，社内で税に関する妥当性を判断できる人員がいることを前提に，税額計算等を外部に委託してもよいことになっています。これにより，顧問税理士が税額計算や税務申告書の作成を引続き請負うケースが多く見られます。ただし，決算短信等の適時開示のため期限がタイトになることから，税理士が単独で複数の上場会社の税額計算を処理することは困難になります（**Q1**参照）。

　なお，税務調査の立会いについても，会社の要望があれば引き続き対応することになります。

2．相談業務

⑴　会計処理

　非上場会社の場合，税務顧問契約の中に会計処理の相談業務等を含めている
ケースが多くみられ，この場合，税務処理だけでなく会計処理をどのようにす
べきかの指導を実施しています。

　上場準備会社として監査法人等による会計監査を受けることになれば，たと
え（会社法の法定監査を受ける義務がなく）任意監査であっても，会計処理や
表示については，監査法人等が承諾しない処理等は認められなくなります。ま
た，監査法人等は基本的に監査対象会社に対して助言等のコンサルティングを
することはできないため，会社は監査法人等に対して基本的に相談することは
できません（任意監査であることからコンサルティングを受けているケースも
あります）。

　監査法人等から今までの会計処理の金額・計上のタイミング等が認められず
修正を要求され，また，注記の不足や今まで計上していなかった引当金を計上
する等の指摘を受けることもあります。監査法人等の指摘が妥当であればそれ
に従うことになります。しかし，監査法人等が会社と契約したばかりである等
により，事業内容や取引に関して理解が不足していることで，妥当でない指摘
である場合の反論・交渉や，修正・算定方法が複数ある場合の選択等について
は，社内で対応せざるを得なくなります。

　顧問税理士は，経理責任者等が監査法人等に対して相談できない会計処理の
相談にのり，妥当でない指摘への反論・交渉や，推奨すべき算定方法等につい
て，助言することができます。監査法人等が会計監査をすることになったから，
会計に関する相談業務は不要，となるわけではありません。

　ただし，いわゆる税務会計ではなくなるため，今までの会計処理等の相談と
はレベルが変わることから，監査法人等の契約を機に，リスクヘッジのために
あえて顧問契約から会計処理の相談を除くこともあります。

(2)　周辺業務の相談・支援

　非上場会社の場合，税務顧問契約に明記されていなくても，経営者から経営判断に関する相談を受けることはよくあります。資金繰り，事業計画，銀行説明のほか，知人等から持ち込まれるいろいろな提案への意見を求められることもあります。

　これらも上場にあたっては会社内で解決することが求められますが，社内体制等の再構築が不十分な上場準備初期においては，会社内だけでは対応できないこともあります。そのような場合は，顧問契約の範囲であれば当然に，範囲外であれば別途スポット的な契約により支援します。

　ただし，たとえば事業計画といっても，今まで対銀行向けに作成していた毎期各科目＋10％といった単純な数字だけのものではなく，**Q2**記載のような事業計画を策定する必要があるため，それが今までの顧問契約で想定しているサービスの提供（たとえば「税務相談等に付随するその他助言」的なもの）を超えるものであれば，別途スポット的な契約を締結して支援するのがよいでしょう。または，リスクヘッジのためにあえて顧問契約から付随サービス的な業務を除くことも考えられます。

(3)　オーナー経営者の相談

①　相続税

　事業承継や相続対策（相続税対策を含む）について，今まで相談を受けていれば引き続き相談に乗ることになりますが，非上場時代の対策とは内容が大きく異なり，対策すべき金融資産・株式等も増額します。

　また，今まで相談を受けていなくとも上場準備を機に提案し契約することが考えられます。なぜなら，上場できれば創業者利得（上場時に既存株主が所有株式を売出することで得られる利益）を多額に得ることになるため，たとえ子供に事業承継するつもりがなくても，相続対策は必要になる可能性が高いためです。

　もちろん，経営者本人が「全部使ってしまうので対策不要だ」という可能性

もあります。しかし，上場後は配当額が高額になり，役員報酬が増額される可能性もあり，また，使うといっても他の資産に代わるだけとか，ベンチャー企業等へ投資する（コラム「エンジェル税制」参照）こともあります。その投資が（失敗すれば当然損しますが）成功すれば含み益・売却益を得ることになります。さらに，経営者であるため経営責任やインサイダーであることで自社の株式は簡単に売れず，含み益を抱えることになります。そこで，オーナー経営者（または大株主）につき，相続対策・相続税対策・納税対策が必要になってきます。

これについては，資産管理会社（**Q21**参照）も有効な手段になります。資本政策の策定（**第2章**）と合わせて支援するのがよいでしょう。

ちなみに，こういった事案に係る顧問契約については，安定株主対策として会社と契約することもあるかもしれませんが，通常は，オーナー経営者個人と契約するか，または資産管理会社と契約することになります。

② 所得税等

オーナー経営者個人の確定申告を引き受けている場合は，高額の配当（総合課税[※]）や，今までの報酬では対応しきれないこともあるため，状況に応じて契約・報酬の見直しを検討・提案します。

（※）個人株主およびその同族会社が発行済株式数の3％以上保有している場合（大口株主）の配当は，総合課税されます。

ア．上場時

オーナー経営者や大株主に対し，上場時の株式の売出に係る税額をシミュレーションしてあげることもあります。譲渡益を計算するにあたって，売却価額は公募価格（**Q12**参照）から引受手数料（**Q10**参照）を控除した額となりますが，取得価額は，実際の取得価額よりも売却価額の5％を選択したほうが有利になることが多くみられます。これは，創業者等の場合は，その取得価額は設立時や株価が低い時代の取得によるものであることや，株式分割（**Q12**参照）により1株当たりの取得価額がかなり低くなっているためです[※]。

なお，実際の取得価額により譲渡益を計算する場合で，創業時だけでなく，

親族から売買・贈与等により取得した株式や，時価による増資引受，ストックオプションの行使により取得した株式などがあれば，取得価額は取得時から譲渡時までの総平均法で算定します。

（※）売出にあたっては，所有株式を証券口座に入れることになります（入庫）が，この時に取得価額として記載する金額を，実際の取得価額とするか，引受価格の5％とするか，判断することになります（口座における取得価額は確定申告時に遡って修正することはできません）。

イ．上場後

　上場時の株式の売出により多額の資金を得ると，金融機関や証券会社等からさまざまな投資の提案を受けます。株式投資，デリバティブやオルタナティブ投資，不動産投資等々を行うことも多く，その場合の税金（所得税等）の相談を受けることも増えます。

　ちなみに，急に親戚や友人が増えて，よくわからない使途の資金提供を求められることもあります。中には気をよくして貸付した結果，不良債権化することもあるため，このような個人の貸倒損失は所得税上損失計上できないことを，助言することもあります。

Q6 証券会社の役割

　顧問先である中小企業のオーナー社長に，３年後に上場したいといわれました。証券会社と契約するので，先生にお願いしている業務が増えるかもしれないけれど，引き続き相談に乗ってもらいたいとのことです。そこで，上場するまでの間，証券会社が顧問先に対し，そもそも何をどのように支援するのか教えてください。

A　主幹事証券会社は，市場に上げるのに値すると判断した株式（を発行する会社）につき，引受部・審査部・営業部が各部門の役割に応じて，証券取引所に上場申請するために必要な支援等を行います。

解説

1．主幹事証券会社の役割

　上場とは，その会社の発行する株式を証券取引の市場に上げることです。証券市場に上げるには証券会社を介する必要があり，それを主導するのが主幹事証券会社です。証券会社によっては部門名や役割の範囲が異なりますが，おおむね以下の対応を受けることとなります。

(1)　証券（公開）引受部

　主幹事となる証券会社と契約すると，まずは引受部が会社に対し，上場に必要な社内体制等（**Q4**参照）について，改善・構築に関する具体的な助言や情報提供，進捗管理等を行います。

- 会社の業績が順調で，かつ，予算差異等が迅速に正しく公表できる体制であること
- そのための社内体制やリスクへの対応体制等が整備されていること
- 法令上の違反等がないこと

- ベースとなる資産・知財等が保全されていること（財務報告の信頼性）

等を確認し，業績やこれらの運用等に問題がなく，上場時に想定される公募増資・売出も含め上場基準を満たすと判断されれば，次に審査部の審査を受けることになります。

(2)　証券（引受）審査部

　審査部の審査をクリアすれば証券取引所に上場申請することとなります。審査部の審査において問題が生じないように支援するのが引受部の役割ですが，審査において改善点や質疑応答がある場合は，引受部を通じて対応することとなります。

(3)　営業部

　資本政策（**第2章**参照）については主に営業部が対応し，ファイナンスの規模（公募増資・売出株数，想定公募価格（公開価格）等）やロックアップ（市場安定化のため，上場後一定期間は市場で株式を売却できない）等について顧問先・大株主の意向を確認しつつ進めます。

2．具体的な助言等の業務

(1)　内部統制・管理体制の整備

①　上場準備室と引受部

　会社は財務報告等の信頼性のため，内部統制体制（**Q35**参照）を構築する必要があります。会社は上場のために通常，上場準備室を設け，この上場準備室が社内の各部門と協力しながら，会社に現在不足している機能を追加し，不十分な場合は強化・補填し，問題がある場合は改善・解消することを主導します。

　引受部はこの上場準備室を支援する形で，会社に必要な整備等への助言および進捗状況を管理します。おおむね月1回程度の打ち合わせを行い，たとえば諸規程の整備・運用状況を確認し，月次決算の業務フローの問題点を指摘し，

オーナー経営者個人との取引関係の解消状況を検証するなどにより，多岐にわたる改善リストを消し込んで行きます。上場準備室で解消が困難な問題点があれば，他社事例等を元に具体的な解消方法を助言するほか，会社側の立場を理解した上で有効な対策案を共に検討することもあります。場合によっては会社名は匿名で東証に事前相談してもらえることもあります。

② 上場準備室・経理部（財務部）と引受部

上場準備室は，上場後は通常は経営企画室となります。事業計画や予算編成などのほか，その会社の規模によってはIR機能なども兼務することがあります。数字を扱うことから，上場準備中も上場後も経理部（その会社の組織によりますが，財務部の一部であるケースも多くあります）との関係性は重要であり，会社によっては経理部のキーマンが上場準備室に入ることも多くあります。

経理部から上がってきた数字が信頼できるかは，社内業務フローやそのベースとなる制度・ルールの構築と運用が適正である必要があり，もし問題があれば経理部ではなく上場準備室が解決すべき課題となります。

経理部としても，監査法人の窓口は主に経理部となることから，信頼できる数字を迅速に得るためには何が必要であるか等を上場準備室と協力して解決する必要があります。そこで，上場準備室と引受部の打ち合わせに経理部も参加して，監査法人から指摘された改善すべき事項も含め，解決策を検討します。

ちなみに，IRは後回しになりがちですが，できれば上場準備室等と共に早めに機能設置をすることが，公開価格（公募価格）のアップに効果的です。

(2) 資本政策（第2章参照）

① 大株主（オーナー経営者）と営業部

会社の発行する株式を上場するということは，新たに会社が株式を発行（公募増資）するだけでなく，すでに発行済の株式を上場（売出）することでもあります（日本郵政株式会社のように例外的に売出だけのケースもあります）。発行済株式を売出するということは，親会社以外では，一般的に大株主（通常は主に創業者・経営者）が実行することになります。すなわち資本政策におい

ては，上場にあたって会社が調達したい資金（公募増資）に係る株式発行数や安定経営のための株主構成だけでなく，大株主の創業者利得をいくら得られるかが重要なポイントとなります。

　公募増資について，証券会社は上場準備室と打ち合わせすることになりますが，大株主の売出について上場準備室が対応することは困難なケースが多くみられます（会社の従業員が大株主の個人財産について発言するのは通常は難しいことです）。そこで，営業部と大株主が直接打ち合わせすることになります。

　大株主が売出する株式数・想定公募価格（公開価格）につき，本人の理解が得られなければ上場できませんが，大株主の意向をすべて受け入れることは，市場の状況からして困難なことも多くあります。そこで営業部は，会社が希望する調達資金額だけでなく，大株主が売出可能な株式数・シェア，想定される公募価格（公開価格）等をもとに資本政策を策定し，主幹事証券会社としての引受手数料（**Q10**参照）も確保し，上場時の調整弁としてオーバーアロットメント（公募増資・売出による想定株数を超える需要があった場合に証券会社が大株主から株式を借り受けて追加で販売すること。詳しくは**Q10**参照）などの対応等を策定・説明して，大株主の理解を得るようにします。

Q7 監査法人の役割

顧問先である中小企業のオーナー社長に，３年後に上場したいといわれました。監査法人と契約するので，先生にお願いしている業務が減るかもしれないけれど，引き続き相談に乗ってもらいたいとのことです。そこで，上場するまでの間に監査法人が，何をどこまで支援等するのか教えてください。

A 監査法人は，会社が作成した計算書類（財務諸表）や内部統制報告書を監査することで，適正であるかの意見を表明します。会計監査において助言等の支援は原則として行いません。ただし，上場準備中は法的義務がない任意監査であるケースが多く（**Q4**参照），相談を受けるケースもあります。

解説

1．ショートレビュー（クイックレビュー）

監査法人（または公認会計士）と会計監査の契約をする前に，その企業が上場するにあたって解決すべき課題・問題点を洗い出しして報告してもらいます。監査法人等にとっては，会計監査業務を受託すべきかどうかの判断材料にもなります。監査法人によってはグループ会社のコンサルティング会社が実施することもあり，また，クイックレビューという名称を使うこともあります。

内容は，経営管理（機関設計等）体制，業務管理（販売・購買・内部監査・IT管理等）体制，決算・利益管理体制，関連当事者取引，資本政策，会計方針・会計処理等につき，その企業の経営者，経理責任者，必要に応じ各部門のキーマンにインタビューし，入手した資料をまとめて，その企業の現状を明確にし，上場審査の項目・ポイントごとに，把握された現状と上場にあたっての課題を対比して説明したものです。

　非上場会社が上場するにあたっての課題は，どの会社も似たような事情・課題があり，ある面では会社にとって目新しいことはなく，ある面では経営者にとって耳の痛いこと（**第4章**参照）もあります。

　よくある会計上の指摘事項は，以下のとおりです。

(1)　引当金の計上もれ

　現行の法人税上において損金算入できないため，退職金規程があっても退職給付引当金を，賞与の支給実績があっても賞与引当金を，計上していないことが多くあります。その会社の業界特有のリスクに関する引当金（保証，返品，ポイント等）も同様です。これらにつき，過去の実績等をもとに適正な金額を見積もって引当計上するように指摘されます。

　ちなみに，引当金の対象となる事象等（保証，返品，ポイント等）について，消滅事由がないと永遠に計上し続けることになるため，消費者等との契約見直しが必要になることがあります。

(2)　潜在債務の計上もれ

　契約で要求される賃借不動産の原状回復費用や，法令で要求される建物のアスベスト除去費用等につき，資産除去債務を計上するよう指摘されます。なお，同額をこれらの費用の対象となる資産の価額に加算し，減価償却します。

　また，リース会計基準の改正（強制適用は2026年4月からとなる予定）に伴い，借りる側においては，ファイナンスリース（所有権の移転を問わない）のみならず，オペレーティングリースについても，少額・1年以内の短期のケースを除き，資産・負債計上（オンバランス）が求められることになります。そこで，今まで賃借料やリース料として費用計上していたものにつき，経過措置等を考慮しつつ，資産・負債計上を要求されることがあります。

(3)　売上原価（原価計算）

　製造業以外の非上場会社では，売上に係る仕入以外は，販売費及び一般管理

費に計上しているケースが多くみられます。業務の内容によっては，たとえば人件費については工数管理に基づく原価計算を求められ，原価計算が不要な場合でも表示上は売上原価に計上し直すよう指摘されます（原価率を開示したがらない経営者もいますが，上場するにあたっては開示しないわけにはいきません）。

　そのほか，棚卸資産の評価方法として，法人税上届出していなければ，法定評価方法である最終仕入原価法で計上しますが，会計制度上は，たとえば期末に高い価額で仕入れて損益調整されることを避けるため認められておらず，先入先出法や移動平均法等への変更申請が必要となります。

2．期首残高の確定

　会計監査の対象期間（最短で上場申請期の2年前（N−2期））の計算書類（財務諸表）の妥当性を検証するには，その対象期間の期首残高（N−2期の期首残高）を確定する必要があります。預貯金・売掛債権・買掛債権等は，対象期間がスタートした後でも確認することができますが，商品等の現物がある事業であれば，前期末日（N−3期の期末残高）の実地棚卸に公認会計士の立会いが必要です。不明残高等があれば修正することになります。

3．遡及処理

　前記1．の会計上の指摘事項や，前記2．の期首残高を修正するにあたって，会計監査の対象期間より前の各期の計算書類（財務書類）の修正が必要になるケースがあります（**Q33**参照）。

　ちなみに，法人税申告書別表5(1)の利益積立金については，遡及処理した期の期首残高の内訳を修正することとなります（**Q34**参照）。

4．会計監査

　東証グロース市場に新規上場する場合は，N−2期には「無限定適正」または「除外事項を付した限定付適正意見」が，N−1期およびN期には「無限定

適正意見」が必要です[※]。

　会計監査は，計算書類（財務諸表）の監査ですから，会社が決算を締めたあとでなければ，監査できません。一般的には，会社が税額等も含め決算を仮締めし，それを監査してもらい，指摘事項があればその内容を検討し，必要に応じて追加の決算修正を入れて，本締めとします（判断が困難な会計処理等があれば，決算を待たずに監査法人等に助言をもらいます）。場合によっては，監査法人等と意見が分かれることもありますが，監査法人等が事実関係を正確に理解した上での判断であれば，監査法人等の意見に従った処理をしない限り，適正意見をもらえません。なお，監査法人では担当の公認会計士だけでなく，監査法人内の審理部の判断が最終判断となりますので，仮に誤解があれば，担当の公認会計士が審理部に対して説明できるように（まるで，税務調査における調査官と審理の関係のようですが）得心いくまで理解いただくことになります。このような場合は，可能であれば顧問税理士が協力するのも良いと思います。

（※）監査意見には4種類あります。
- ・無限定適正意見：すべての重要事項が適正である
- ・限定付適正意見：一部に不適正な事項はあるものの全体としては適正である
- ・不適正意見：不適正な事項がありそれが全体に重要な影響を与えているため不適正である
- ・意見不表明：必要な資料等が不十分・入手できないため意見表明ができない

5．内部統制

　会社は，上場した期について，決算から3ヵ月以内に内部統制報告書を提出しなければなりません（**Q4**参照）。

　上場から3年間は，監査法人等による内部統制報告書に係る監査は免除（資本金100億円以上又は負債総額1,000億円以上の会社を除く）されますが，その後は監査を受けることになります。なお，内部統制報告書についても，監査意見は前記（※）と同じく4種類となります。

Q8 証券会社・監査法人以外の法人の役割

顧問先である中小企業のオーナー社長に，３年後に上場したいといわれました。これからは監査法人に会計監査を依頼して，証券会社とも契約するので，先生にお願いしている業務が変わるかもしれないけれど，引き続き相談に乗ってもらいたいとのことです。前問までで監査法人と証券会社の役割等はわかりましたが，それ以外に登場する会社等があれば，そのサービス内容も合わせて教えてください。

A
1. 証券取引所が承認している株式事務代行機関と契約し，株主名簿の作成や名義書換，議決権・配当等の処理を行います。
2. 証券印刷会社と契約し，自社だけでは作成困難な上場申請書類等および上場後の開示書類の作成に関する支援を受けます。
3. 上場審査書類や開示書類の作成・製本等に関し，IRサポート会社と契約するケースも多くみられます。
4. 上場前に資金調達が必要な場合は，ベンチャーキャピタル等の活用（増資）もあります。

解説

1. 株式事務代行機関（株主名簿管理人）

(1) **概 要**

上場すると，会社の発行株式は，市場において（基本的には証券会社を通じて）自由に売買されることになります。株主は流動的になり，名義変更事務や株主名簿の変更事務が，取引のつど発生することになります。そこで，上場会社は証券取引所が承認する株式事務代行機関（会社法でいうところの株主名簿管理人(※)）と契約し，会社に代わって，株主名簿の作成・備置き，名義書換，議決権や配当等といった株主の各種権利の処理，その他株主名簿に関する事務を行ってもらいます。

（※）「株主名簿管理人」は，商法（現在は会社法）時代の名称である「株主名義書換代理人」とか，取扱業務の内容や会社名から「証券代行機関」といわれることがあります。この株式事務代行機関は，上場する市場の証券取引所の規定で，契約が義務付けられています。

ちなみに，東京証券取引所は，以下を承認しています（2022年9月1日現在）。
- 信託銀行
- 東京証券代行株式会社
- 日本証券代行株式会社
- 株式会社アイ・アール・ジャパン

(2) 支援業務の内容

① 上場後

上場後には，前記(1)のとおり，株主名簿の作成・備置き，名義書換，議決権や配当等といった株主の各種権利の処理，その他株主名簿に関する事務を行ってもらいます。

ア．株主名簿の作成等

名義書換や増資等に伴い株主の住所・氏名・株式数・取得日等を把握し，株主名簿を作成すると共に，株主総会の基準日における株主の確定等を行います。

イ．配当金の支払い

株主ごとに支払う配当金を計算し，通知等を行います。

ウ．株主総会

招集通知の発送や委任状の集計等を行います。契約内容によっては，株主総会の運営やリハーサルの支援，総会後の議決権の分析等も行ってもらえます。

エ．その他

増資，合併等の組織再編に伴う株式の割当，新株予約権の権利行使事務，その他株主名簿に関する事務を行います。

② 上場前

上場と同時に前記①の業務が必要となるため，上場前に株式事務代行機関と契約し，株式に関する管理等の体制の整備に必要な支援を受けます。主幹事証券会社の引受部と支援内容が重複することもあります。

ア．定款変更

以下の実施のタイミング等を相談できます。

- 株式譲渡制限を外す
- 株式事務代行機関の設置規定を追加する
- 公告先を官報から電子公告に変更する
- 可能な限り取締役会に権限を委譲する（上場後は非上場時代と異なり，タイムリーな臨時株主総会の開催が困難となり手続きも煩雑になることから，機動的な経営のため）

イ．株式取扱規程の作成

上場により新たに必要な株式に関する取扱い（株主の権利行使のための届出・手続き等）に関する規定を作成する必要がありますが，その支援を受けることがあります。

2．証券印刷会社

上場基準や手続き上，証券印刷会社との契約は必須ではありません。ただし，証券印刷会社の支援なくして，上場の申請書類や上場後の各種書類を作成・開示することは，非常に困難であり，自社内だけで作成等しているケースは事実上皆無に等しい状況です。

(1) 役　割

上場のための申請書類（新規上場申請のための有価証券報告書（Ⅰの部）等）およびファイナンス（公募増資・売出）のための書類（目論見書等）は，証券印刷会社が提供するシステムやデータを基に作成します。上場後は，有価証券報告書など金融商品取引法や証券取引所の各規則等に則った適正・迅速なディスクロージャー（開示）のための書類作成等に必要です。

(2) サービス内容

上場申請に対応できる証券印刷会社は，現在は2社（宝印刷株式会社，株式

会社プロネクサス（旧亜細亜証券印刷））で寡占しています。以前は，成り立ちから得意とする分野に違いがありましたが，現在は，ほぼ同じサービスを提供しています。

- 書類作成のための専用システム，フォーマットの提供
- 専用システムに入力する事項等のサポート，情報提供
- 専用システムへの入力
- 上場申請書類，有価証券報告書，半期報告書等の記載例・記載方法の提供

　なお，契約によっては付随サービスとして，株主（個人投資家，機関投資家，海外投資家）ごとのIR[※]のためのツールやサイト制作支援等も受けられます。

　会社にとって使い勝手が良いシステム，作成書類のチェックレベル，書類作成のベースとなるデータ量等を検討し，必要なサポート内容，コスト等を比較し，どちらかの会社と契約することになります。会社に呼んでデモンストレーションをしてもらうのも良いでしょう。

（※）IR（Investor Relations）とは，株主・投資家向けの経営状態・財務状況・業績・見通し等の広報活動をいいます。近年は，法や基準に基づくディスクロージャーだけでなく，会社サイト上の情報開示はもとより，工場見学など独自の活動を行う会社も多くあります。

3．IRサポート会社

　上場準備にあたっては，膨大な種類・量の書類を作成することになります。基本的には前記**2.**の証券印刷会社のサポートを受けて自社で作成することになりますが，不慣れな作業を正確かつ迅速に社内スタッフだけで実施するのは大変困難であり，最初は試しに自社だけで作成等しようとしても，結局，証券印刷会社の関連会社等のIRサポート会社に書類作成を依頼するケースが多くみられます。

4．ベンチャーキャピタル

　自己資金で会社を設立しても，前例がない独自性の強い新規事業や，創薬の

ように売上が当分見込めない事業等の場合，銀行等の融資[※]を受けることは非常に困難であり，また，仮に融資を受けられても返済できない可能性が生じます。そこで，ベンチャーキャピタルの投資を受けられれば，活動資金を得ることができます（**Q20**参照）。

> [※] 最近では，ベンチャーデッド（新株予約権付貸付）による融資を実施する銀行等も出てきています。また，スタートアップ向けに「事業成長担保権」融資を可能とする法律も予定されています。

5．その他

(1) ITシステム系

新規上場を目指す会社で，基幹システム等のIT機能（クラウド上のシステムを含む）を使わないケースはまずないため，内部管理・統制体制（**Q4**・**Q35**参照）の構築にあたって，ITへの対応は重要な要素になります。上場にあたっては，財務情報等の開示やIRのために会社内の膨大なデータを迅速に網羅的に正しく集約する必要性があり，また，閲覧や承認権限，ログの管理，バックアップ，メンテナンス，ウイルスや情報漏洩等に関するセキュリティ，バージョンアップ等々への適正な仕組みも要求され，しかもそれらが有効的・効率的に運用されているかのチェックも必要です。

そこで，今までのシステムだけでは対応できず，改修や再構築することになる場合が多く，社内で対応しきれなければITシステム会社の支援が必要になります。

(2) 社内管理資料等作成コンサルティング

社内の組織・販売・購買等の各種管理体制（**Q4**参照）のベースとなる社内規程や各種マニュアル・業務フロー等は，一度作成すれば，新規分野への事業拡大や新たな商流，大規模な組織改革等がない限り，あとは更新すればよいだけになります。そこで，最初に必要なこれらの資料につき，外部のコンサルティングに作成等を依頼することもあります。ただし，事業の内容や業務プロ

セス等は社内スタッフしかわからないことも多く，通常は丸投げできません。

　そこで，上場準備室（**Q6**参照）がこれらの資料作成にあたってコンサルティングの支援を受けたり，または，コンサルティングが現場の業務スタッフ等にインタビュー等したりすることで，社内の管理体制に関するこれらの資料を作成することになります。

(3)　内部通報を受託する弁護士等

　内部統制体制の整備においては，不正等の内部通報制度も構築します。内部通報を受ける者は，会社の立場と相反するため，顧問弁護士以外の弁護士・弁護士法人と契約する必要が生じます。

退職給付債務

退職金規程がある場合は退職給付債務を以下①～③により計上しなければなりませんが，従業員300名以上の会社は簡便法を適用できないことから自社内で数理計算等するのは困難であるため，信託銀行に依頼することも多くあります（ソフトを購入して自社で計算することも可能ですが，費用対効果の面から丸投げすることが多く見られます）。

① 退職給付の総額見込額の算定
　昇給，退職率（自己都合・会社都合）・死亡率，支払条件（一時金・年金）等を加味して計算します。

② ①のうち当期末までに帰属する額の算定
　上記①は全勤務期間を対象とするため，このうち当期末までの勤続年数分を計算します。

③ ②を現在価値へ換算
　上記①②は退職時の金額なので，これを現在価値にするため，割引率で割引計算します。

第 2 章

資本政策の策定は
税務が重要なポイントです

Q9　資本政策とは何か

　顧問先である中小企業のオーナー社長から，上場したら自分の議決権は
どれくらい維持できるのか，また，創業者利得がどれくらいになるか質問
されました。社内スタッフには自分個人のことなので聞きづらいので，主
幹事証券会社に尋ねたところ，それらは資本政策によるが，策定するのは
もっと先で大丈夫といわれたとのことです。資本政策とは何をいうので
しょうか。また，税理士でも策定できますか。顧問税理士ならではの策定
メリットはありますか。

A　上場準備における資本政策とは，現在から上場までにおける資本および
　　それを支える株主・株式，潜在株主・潜在株式等に関する政策をいい，
政策のために必要な作業（資金調達のための増資・株価算定，株価算定
のための事業計画の策定，組織再編，株主・株式の移動，ストックオプ
ションの発行等，上場時の公募増資・売出と想定公募価格（公開価格）
の算定等）を含めて資本政策ということもあります。
　上場において会社とオーナー経営者は潤沢な資金を得る反面，オーナー
経営者は株式（持株・議決権のシェア）を減らすことになるため，資本
政策の策定は重要課題です。
　資本取引はさかのぼって処理することは不可能のため，事前に資本政策
を策定することで，資本構成（株主構成）の最適化を実現します。

解説

1．一般的にいわれる資本政策

　資金調達のために第三者割当増資を受ける時に，資本政策が必要となります
（株主割当により増資する場合は，失権がない限り持株や議決権のシェアは変
わらないため，資本政策は不要です）。
　第三者割当増資をすると，資金の調達と共に資本（資本金・資本準備金）が

増え，いわゆるその裏側である株主と株式が増えます。これにより，既存の株主の持株・議決権のシェアが減少することとなります。

　たとえば，この減少を少しでも抑えたい場合，1株当たりの払込価額をより高く（すなわち増資前の時価総額をより高く），また，普通株式ではなく議決権を調整した種類株式にする等の検討が必要となります。企業価値の元となる時価純資産価額や事業計画等により株価を算定し，株式の種類や株式数をシミュレーションすること，またこれらを実現することを資本政策といいます。

　資本取引はさかのぼって処理することは不可能のため，上場後の資本政策を見据えて事前に資本政策を策定するこが，会社にとってもオーナー経営者にとっても資本構成（株主構成）の最適化に必須です。

2．上場のための資本政策

　上場準備にあたっては，前記1．の資金調達だけでなく，たとえば以下のような政策も必要となります。

- 役員・従業員向けのインセンティブとしてのストックオプションの発行・割当（付与）[※]
- 取引先・関係先へのオプション割当（付与）
- 福利厚生としての従業員持株会への株式移動（増資・売買等）
- グループ会社の再整備のための組織再編（資本構成が変わることがあります）
- 安定株主づくり
- 事業承継（株式承継）対策のための持株会社の設立と株式移動
- 上場時の公募増資（資金調達）・売出株式数と想定公募価格（公開価格）
- （※）　新株予約権を与えることを，会社法では割当，ストックオプション等に関する会計基準では付与として表現しています。

3．主幹事証券会社の策定する資本政策

　主幹事証券会社の策定する資本政策は，上場時におけるファイナンスを主目

的とします。資金調達のための公募増資，売出（既存株主の譲渡）とのバランス，上場時の規模（想定公募価格（公開価格）×（公募増資＋売出の株数）），上場時の株式数の調整（オーバーアロットメント（**Q10**参照））等をシミュレーションするものです。

4．会社（上場準備室）が策定すべき資本政策

事業目的達成のための会社の調達資金額（公募増資額）を前提に，会社の立場で策定します。

ただし，既存の大株主が行う売出については，上場準備室の主たる業務は会社内部に関すること（内部管理・統制体制の構築・整備等）であり，また，構成スタッフは会社の従業員なのでオーナー経営者に意見等をいうことをはばかられることも多く，一方のオーナー経営者も自社の従業員に個人的な資産・資金調達について相談しづらく，その結果，売出する大株主・オーナー経営者本人の意向等が反映されず，すなわち主幹事証券会社に丸投げしたのと同じことになりかねません。

オーナー経営者の意向を反映した資本政策は，オーナー個人が自主的に動かない限り誰も対応しないことが多く，上場後に経営者が「上場をやり直したい，もっとうまく所有株式数を検討すればよかった」と後悔されることもありますが，やり直しはできません。

5．税理士も（もちろん）策定できる

資本政策の策定にあたっては，株価と事業計画が重要なファクターとなります。株価の算定も事業計画の策定も，顧問税理士にとってはなじみ深いものです。

⑴ 株 価

株価は，資金調達（増資）では調達額に伴う発行株式数の根拠であり，ストックオプションでは行使価格であり，組織再編でたとえば株式交換するなら

交換比率・合併するなら合併比率の根拠であり，株式の移動（売買）では売買価額となるものです。

　税理士は株価というと，相続税評価額を想定しがちです。法人税・所得税における評価額においても，相続税の評価方法をベースとして算定するケースが多くあります。もちろん，個人株主や親族株主間の贈与税の課税リスクを避けることは，上場準備中でも検証が必要です。ただし，上場を目指しているので，上場時の公募増資・売出の想定公募価格（公開価格）が高くなるように，また，そこに至る準備段階ではシミュレーション上その想定公募価格（公開価格）より高くならないように抑える必要があります（詳細は**Q12**参照）。

(2)　事業計画

　株価の算定方法として，N－3期以前の初期の段階では時価純資産価額なども使われることがありますが，N－2期以降になると，適正に策定された事業計画に基づくDCF（Discounted Cash Flow）によることが多くみられます。上場時の公募増資・売出の想定公募価格（公開価格）は，事業計画による1株当たり利益に同業他社等のPER（Price Earnings Ratio）（株価収益率：株価÷1株当たり利益）を乗じて算定する方法が多くみられます（詳細は**Q12**参照）。したがって，事業計画（利益計画を含む）は株価算定に必須です。

6．誰が資本政策を策定すべきか

　資本政策は，本来であれば，①会社の立場（事業目的達成のための調達資金額），②大株主・オーナー経営者の立場，③主幹事証券会社の立場（市場への適正量の放出，引受手数料等）（**Q10**参照）を考慮して，上場の主体である会社が策定すべきものです。それぞれの要望や実現可能性等を検証し，落としどころを決めて，三者が納得した資本政策とするためです。

　ただ，前記4.のような問題もあるため，会社の立場を理解し，大株主・オーナー経営者の立場で事業承継（株式承継）も含めて検討できる顧問税理士が，非常に適していると考えられます。

Q10　資本政策のポイント・留意事項

　顧問先である上場準備中の中小企業のオーナー社長が，主幹事証券会社に資本政策を策定してもらいたいといったものの，策定するのは業績がもう少し見えてきてからでいいでしょうといなされ，自分の要望を聞こうともしないと嘆いていました。そこで顧問税理士として資本政策を提案したいのですが，主幹事証券会社が策定する予定の資本政策を無視してよいでしょうか。またどのような点に留意して策定するのでしょうか。

A　主幹事証券会社の策定する資本政策は無視するわけにはいきませんが，顧問税理士が資本政策を策定することは問題ありません。会社の立場，主幹事証券会社の立場，そしてオーナー経営者（大株主）の立場を理解して策定します。

解説

1．顧問税理士の資本政策策定メリット

　上場までの資本政策につき，最後の出口である上場時の公募増資・売出は，主幹事証券会社が主導権を握るため，主幹事証券会社が策定するものであると考えている会社が多くあります。しかし，主幹事証券会社に任せっぱなしにすると，会社の意図する上場（新規発行株式数や資金調達額等）と一致しなくなる可能性が生じます(※)。

　本来，資金調達するのも上場するのも，その株式を発行している会社が当事者であり，売出するのは大株主本人なので，資本政策は大株主や主幹事証券会社の意見を聞きつつ会社が作成すべきものですが，大株主やオーナー経営者の意向の反映が困難なケースもあります（**Q9**参照）。

　そこで，顧問税理士が，大株主やオーナー経営者の要望および会社に必要な資金調達額を踏まえ，会社の代わりに資本政策を策定することをお勧めします。

これは，会社にとってもオーナー経営者にとっても効果的であり，何ら問題ありません。このようにして作成した資本政策を見せれば，主幹事証券会社も無視することはできないと考えられます。

　ただし，上場時の公開価格（公募価格）の想定額の算定方法や市場の動向については，ベンチマークとする会社やターゲットの選考も含め，主幹事証券会社の意見を参考にするのが良いと考えられます。

（※）最近では，公正取引委員会が，ある主幹事証券会社に対し，他の証券会社や投資家の需要調査を怠ったこと等により，公募価格（公開価格）を一方的に低く設定した結果，上場時の資金調達が低くされたとして，優越的地位の乱用（独占禁止法違反）の可能性があると「注意」したケースがあります。

2．策定ポイント

⑴　会社の立場

①　インセンティブ等

　上場にあたっては，非上場時代に比べ，社内の体制等が厳しくなり，業績へのプレッシャーも高くなります（**第1章**参照）。役員・従業員の中には，上場に消極的な意見をいう人もいるかもしれません。そこで，上場することで，資金調達のほか，会社の信頼性が増し（名刺・会社案内・封筒・HP等にも上場会社であることを示すロゴマークを付すことができます），金融機関・取引先等との交渉や従業員の採用に効果があること，その結果，従業員のオペレーションにもメリットがあることを理解してもらいます。さらに，上場メリットを具体的に享受してもらうため，役員・従業員にストックオプション等のインセンティブや，福利厚生としての従業員持株会の導入を検討します。

　また，取引先等にも業績等への貢献に対する感謝や，上場後も良い関係を継続するために，ストックオプションや取引先持株会等を検討することもあります。

　そこで，以下のインセンティブ等をシミュレーションします。

・どの時点でストックオプションを誰に何株分，いくら相当を渡すことにする

か（従業員に渡し過ぎると上場を機に会社を辞めてしまうかも（**Q14・15**参照））

- どの時点でどのような条件の有償新株予約権（**Q16**参照）をどれくらい発行するか
- 上場時の潜在株式は何株にするか（一般的には上場時の発行済株式の10%以内（**Q14**参照））
- 従業員持株会を設立するか，設立する場合の加入者想定数および増資額想定額（**Q18**参照）

② 上場前の資金調達

　事業計画の遂行にあたって，上場前に資金調達が必要な場合があります。創薬事業や，ソフトウェア・アプリ等の開発のための資金等です。シードやアーリーステージの企業の場合，一般的に銀行融資を受けることは困難（**Q8**参照）であることから，ベンチャーキャピタルや取引先等^(※)から投資を受けることもあります。

　ベンチャーキャピタルからの投資の場合，普通株式よりも権利等が優先される種類株式（シリーズＡなど）や株主間契約（オーナー経営者とベンチャーキャピタルとの契約）により，議決権が普通株式と同割合であっても，経営への参加（取締役となる等）や事業・投資等の変更やM&A等について強力な権限を持たれてしまうことがあり（**Q20**参照），その場合，資本政策についてもベンチャーキャピタルの意向を踏まえて策定せざるを得なくなります。また，ベンチャーキャピタルは基本的にファンドを構成して資金を集めており，これらの資金拠出者（投資家，企業等）の利益を最優先するため，上場と同時に全部または相当数の所有株式を市場に売却することが想定されることから，ベンチャーキャピタルの株式数が多すぎる（持株シェアが高すぎる）と，上場時の想定公募価格（公開価格）を主幹事証券会社から下げさせられる可能性が高くなります。

　（※）非上場会社であっても，３カ月以内（金融商品取引法施行令2022年１月改正後）に通算50名以上の者に対して増資を依頼（勧誘）した場合は募集したものと

して，1年以内で通算1億円以上調達した場合は「有価証券届出書」が，1億円未満であっても「有価証券通知書」の提出が必要です。「50名以上」については，その時点で50名未満であっても権利の分割等で50人以上になる可能性がある場合は募集に該当することがあります。有価証券届出書を提出すると，今後継続して「有価証券報告書」を提出する義務が生じ，非上場会社にとっては多大な負担となります。また，提出しなければ，金融商品取引法違反となり，上場することができなくなります。したがって，増資する際には，前後の増資計画等を鑑み，できるだけ少人数（社）に絞ります。

③　公募増資

上場時の資金調達額は，証券会社の引受価格（公募価格－引受手数料(※)）に新規発行株式数を乗じた金額になります。

公募増資による調達資金は，上場後の事業計画達成のために必要な設備投資，IT投資，人員採用費等々の各種投資のために利用されるものであることから，基本的にはそのために必要な調達額を積み上げて算定します。

ちなみに，上場時の環境や傾向等によっては，資金用途について投資家から疑問を投げかけられることもあります。たとえば，M&Aのための資金という場合，相手先・買収額等に関する具体的な予定がなければ，単にM&Aしたいという会社の希望的観測に過ぎず，そのような会社の事業計画は漠然としすぎていて信頼性に欠ける，とされることがあります（**Q40**参照）。

（※）　後記(2)（※1）参照。

(2)　主幹事証券会社の立場

主幹事証券会社における資本政策は，上場時の公募増資・売出の想定公募価格（公開価格）や株式数等のシミュレーション（**Q9**参照）であり，上場前の資本の異動等については，基本的には助言する立場です。そこで，会社等が作成した資本政策につき，蓄積された過去の事例等や法令等により問題が生じていないか確認してもらえることもあります。

ちなみに，主幹事証券会社は，上場時の公募増資・売出にあたって，以下を得ることになります。

- 引受手数料[※1]
- オーバーアロットメントによる差益[※2]

（※1）引受手数料

　　引受手数料は，上場（公募増資・売出）時における公募価格に対し，通常は8％程度です。証券会社は上場時の公募価格から引受手数料を差し引いた価格（引受価格）で発行会社から株式を取得し，その株式を公募価格で募集・売出することになります。ちなみにこの引受手数料につき，経費に計上すると上場初年度の業績が悪化したようにみえるため，発行会社側は引受価格（公募価格−引受手数料）×新規発行株式数を，増資額として会計処理します（スプレッド方式）。

　　資本政策の策定上，事業計画の実行のために必要な資金調達額を公募増資するにあたって公募価格を想定しますが，この場合，（想定公募価格（公開価格）の算定における誤差の範囲内とも考えられますが）引受手数料を差引いた引受価格で計算する必要があります。

　　ちなみに，引受手数料は公募増資・売出の規模感にも影響されるといわれていますので，交渉により率を少しでも低くできれば会社にとって有利です。

（※2）　オーバーアロットメント

　　オーバーアロットメントとは，公募増資・売出にあたって，会社が作成した目論見書等により一般投資家の反応が良く，想定していた公募増資・売出による株式数を超える需要があった場合，その超える需要分につき，主幹事証券会社が大株主等から株式を一時的に借りて投資家に販売することをいいます。本来の公募増資・売出の追加として行われるものであり，公募増資・売出による株式数の15％を上限とします。

　　借りた株式の返却方法として，以下の方法があり，市場価格の高低を調整すると同時に，証券会社にとってはいずれにしても差益を享受できます。

①　グリーンシューオプション

　　市場価格が引受価格より高い場合，会社が引受価格で追加増資し，証券会社がその増資を引受して取得した株式を返却します。証券会社は借りた株式を公募価格で市場に出しており，引受価格で取得した株式を返却するので，引受手数料相当額の差益を収受できます。

　　なお，会社が追加増資しない場合は，株式ではなく引受価格相当の資金による返済となりますが，このようなケースはほぼないと考えてよいでしょう。

②　シンジケートカバー

　市場価格が引受価格より低い場合，証券会社が市場から株式を調達し，その調達した株式を返却することです。証券会社は借りた株式を公募価格で市場に出しており，低い市場価格で取得した株式を返却するので，公募価格と市場価格の差益を享受できます。

⑶　オーナー経営者（大株主）の立場

　経営者の意向は人それぞれですので，中には，上場企業になったからには議決権に固執しない，という方もいらっしゃると思います。しかし例外や建て前はともかく，大多数のオーナー経営者は，自分が苦労してここまで会社を育てたこともあり，その苦労と今後の経営等に関する制約に見合う創業者利得を得た上で，さらに，経営権は事実上手放さず，できれば実子か次世代にこの上場株式を承継させたい，というのが本音かと思います。

　それは会社においてもプラス面があります。というのも，長期事業計画の実行のためには経営安定のための理解ある大株主の存在が必要です。また，創業者利得については，経営者の越権的・私的とも疑われる費用は会社ではなく経営者自身の得た株式譲渡資金から支払ってもらえることになり，これらにより会社のリスクが減ることになるからです。

①　創業者利得

ア．上場時

　オーナー経営者はインサイダー（コラム「インサイダー取引と顧問税理士」参照）に該当することから，株式の譲渡によりまとまった資金を得るためには，上場時の売出（オーバーアロットメントを含む）が最大の機会となります。大株主が大量の株式を市場に出せば株価は下がりますが，新規上場時の売出は上場するために必要な行為であることから，そのようなリスクは当然生じません。しかし，上場時には大株主はロックアップ（市場安定化のため，上場後一定期間は市場で株式を売却できない）契約を締結させられることもあって，売出を超える株式を市場に出すことができません。ロックアップ後のどこかの時点で（インサイダー取引に該当しないように）経営者が市場に自社株を放出すれば，

何か問題が生じたから放出したとのレピュテーションリスクにもなりかねません。すなわち，オーナー経営者（大株主）が持株を大量に売却できるのは，上場時のみといっても過言ではありません。

そこで，これらを踏まえてオーナー経営者（大株主）が上場時に個人で調達したい金額を考えてもらい，引受価格（公募価格－引受手数料）の想定額から譲渡に係る所得税等（**Q5**参照）を差引いて1株当たりの手取り額を算定し，そこから売出株数の想定数を導き出します。

イ．公募増資とのバランス

新規上場は会社が資金を得るための公募増資が最大目的であると考えられているため，この新規上場により得られる資金が，会社よりオーナー経営者の方が多いとなると，たとえ1株当たりの価値の希薄化を避けるために増資株式数を抑えて流通株式数（後記②（注）参照）を増やすためだとしても，投資家・市場の理解が得られにくいこともあります[※]。そこで，新規上場時においては公募増資株式数と売出株式数を同数とするケースが多くみられることから，会社の公募増資株式数も踏まえて検討することになります。

（※）2023年に東証グロース市場に上場した会社で，ベンチャーキャピタルからすでに多額の資金が投入されていたことから，上場時の公募増資は1億円未満，ベンチャーキャピタルからの売出は30億円という極端なケースがありました。上場後は一気に30％以上株価が下落し，いまだに回復していません（本稿作成時現在）。

② 持株・議決権シェア

上場会社であっても同族会社はあります。オーナー経営者（大株主）だけで50％超のシェアを押さえているケースや，本人だけでなく親族や資産管理会社を合わせると50％超のシェアをもっているケースもあります。これは，上場時の会社の時価総額が比較的大きく，公募増資・売出数や必要な資金調達額とのバランスで，流通株式数・流通株価総額[※]を確保しつつ，持株・議決権をある程度維持できたからです（**Q13**参照）。

また，たとえば東証グロース市場に上場した数年後にスタンダード市場等に市場変更を想定している場合，2度目の公募増資・売出を想定して，最初の上

場ではあえて売出数を控えるといった判断をすることもあります。

　ただし，上場基準で流通株式数の割合は決められており，また，流通株式数が少なければ市場の目的である株式売買取引は成立しづらくなり，少しの売買でも株価が乱高下する可能性も生じてしまいます。

　したがって，上場時の時価総額，公募価格の想定額，公募増資数，売出株式数等を鑑みて，無理のない範囲で，できるだけ大株主のシェアを確保することが望まれます。

（※）流通株式とは，その会社の発行済株式数から，自己株式や大株主・役員等・役員の親族・役員の資産管理会社等・関係会社の持つ株式，国内の銀行・保険会社・純投資以外の事業会社の持つ株式（政策株式），10％以上所有する大株主の持つ株式その他実質的に流通性に乏しい株式数を除いた株式をいいます。
　　　この流通株式につき，東京証券取引所は形式要件として，発行済株式数のうちに占める割合・流通株価総額・取引単位につき，以下を規定しています。
　　　・東証グロース市場：25％以上・5億円以上・1,000単位以上
　　　・東証スタンダード市場：25％以上・10億円以上・2,000単位以上
　　　・東証プライム市場：35％以上・100億円以上・20,000単位以上

③ 相続税対策

　オーナー経営者（大株主）は，通常，上場時に所有株式すべてを売出することはなく，また，上場株式は非上場時代の株価より相当高くなっていることから，オーナー経営者（大株主）の持つ株式の価値（含み益）は相当高額になります。

　オーナー経営者（大株主）に相続が発生した場合，相続人はそのままでは相続税の納税のために，持株を売却しなければならない状況も当然に考えられます。ちなみに市場に一度に放出すると株価が下がり，想定していた納税資金分の調達ができなくなる可能性もあることから，買い手を探して市場外売買や物納することも考えられますが，いずれにしても手放すことになります。

　そこで，資産管理会社の有効活用を検討し，株価が低い早い段階での個人から資産管理会社へのシフトを策定します（**Q21**参照）。あとは，税理士得意の事業承継（株式承継）対策を講じればよいでしょう。

Q11 資本政策の具体的策定

　顧問先である中小企業のオーナー社長から，上場準備したいので，資本政策を策定してもらいたいといわれました。そこで，具体的な策定方法を教えてください。また，策定にあたってどのような情報を収集すればよいでしょうか。

A　表計算ソフトにより現在の株主構成，資本の内容，株価等をまとめ，事業年度や増資等のイベントごとに株式数等の推移を追加し，上場時の公募増資・売出まで作成します。特に株式数と株価は重要であり，その算定のためには事業計画が必要です。なお，資本政策は１回策定したら終わりではなく，業績や環境の変化等により何度も追加修正することとなります。

解説⋯⋯

1．表計算ソフト（Excel等）

　資本政策の表は特にルールがあるわけではないので，作成者による個性があり，何を重視するか等で，追加項目も増減します。

　後記のような表の場合で，たとえばストックオプションの割当者数が多いため潜在株式として別管理したいのであれば，株主欄の下に潜在株式欄を別途設けて，顕在株式（発行済株式）＋潜在株式の欄を，列ではなく行に移動してもよいでしょう。

【イメージ図表】

株式会社×××　2023.10.1version2
資本政策プランA

		N-4.3期末	N-3.3期（フリー）								
事業年度											
時期			7月				決算期末				
目的			従業員インセンティブ								
プラン			税制適格SO								
発行価額			1,000円/株分								
		増加		顕在株式		顕在株式＋潜在株式		顕在株式		顕在株式＋潜在株式	
		所有株式数	株式数・SO換算数	株式数	シェア	株式数	シェア	株式数	シェア	株式数	シェア
		株		株	%	株	%	株	%	株	%
株主	創業家	××××									
		××××									
		株式会社×××									
	取締役	××××									
		××××									
		××××									
	従業員SO	××××									
		××××									
		××××									
	従業員持株会	（1名としてカウント）									
	小計										
	取引先	株式会社×××									
		株式会社×××									
		株式会社×××									
	VC	×××キャピタル									
		×××キャピタル									
		×××キャピタル									
	一般投資家										
	合計										
	潜在株式（SW・SO）										
	合計（潜在株式を含む）										
参考	発行済株式数	株									
	当期利益（連結）	千円									
	純資産（連結）	千円									
	資本金	千円									
	資本剰余金	千円									
	利益剰余金	千円									
	子会社純資産	千円									
	新株予約権	千円									
	1株当たり利益	円/株									
	1株当たり純資産	円/株									
	仮想PER										
	PBR										
	相続税評価　純資産	円/株									
	相続税評価　配当還元	円/株									
	株価（時価）	円/株									
	時価総額	千円									
	SW・SO行使価格	円/株									
	会社調達資金	千円									
	会社調達資金累計	千円									
メモ			翌年1月支払調書								

2．必要情報

資本政策の策定に必要な情報は，主として以下のとおりです。

(1) 会社の登記簿謄本（履歴事項全部証明書）・定款

資本政策にあたって，その会社が現在，どのように株式等を発行しているか確認します。

① 現在の発行済株式数

後記(2)の株主名簿の合計株式数と一致しているか確認するために必要です。

② 発行可能株式総数

増資やストックオプション発行にあたって，十分な発行枠があるか確認します。発行枠がない場合は，今後の増資等において発行枠増に関する株主総会決議が必要になります。

③ 種類株式の有無，種類株式がある場合の普通株式への転換条項

新規上場時において，種類株式をそのまま上場することは，ルール上はありえますが，株主平等の原則やガバナンスのゆがみが生じかねないことから，新規上場する株式の発行会社が発行する株式はほぼすべて普通株式です（例外を認められたケースとして，CYBERDYNE，セカンドサイトアナリティカの2社が知られています。ちなみに，上場会社が種類株式を発行してその種類株式を新たに上場したケースとしては，ソニー（現在は普通株式），伊藤園，ソフトバンクがあります）。

そこで，種類株式が発行されている場合，転換条項があればそれが上場前に転換可能か，その場合株式数は何株になるか，上場前に転換することにつき株主を説得できるか等につき，検討する必要があります。

④ 新株予約権の発行の有無，新株予約権がある場合の発行要項

すでに潜在株式があれば，以下の事項等につき，検討する必要があります。
- 行使条件によりいつから権利行使できるか
- その場合株式数は何株になるか
- 上場後でなければ行使できないか
- その場合潜在株式のシェアはどのくらいか（**Q14**参照）
- 必要であれば上場前に権利行使することにつき権利者を説得できるか
- 場合によっては放棄させる・することができるか

⑵ 株主・株式の現状把握と移動経緯

① 現在の株主・株式の種類・株式数

株主名簿，または株主名簿がない場合は法人税申告書別表2を，可能な限り設立時から現在まで連続して入手します。

策定スタート時点で正確な情報がなければ，以降のプランニングすべてに支障が生じます。そこで，名義株や記載ミス等がある可能性を鑑み，設立時から現在の株主・所有株式数の推移につき，その株式の移動理由（売買・贈与・増資・合併等の組織再編・自己株買い等）と共に確認しておく必要があります。

② 株式の譲渡等

上場申請期の2期前（N－2期）から，株式の移動状況について申請書類に記載（開示）する必要があり（**Q30**参照），また，その手続きが適正に行われている必要があります。株式の譲渡（売買や贈与）につき，株主総会の承認が必要とされているケースは株主総会議事録を，取締役会の承認が必要とされているケースは取締役会議事録を確認することとなります。ちなみに，議事録の作成を失念している場合は，当時の決議内容を確認して遡って作成する必要があります。

さらに，今後の移動等（組織再編等を含む）についてもどのような手続きが必要か，場合によっては変更（たとえば定款変更により株主総会承認から取締役会承認に変更）等も含め，資本政策がスムーズに実行できるよう，必要な手続きをスケジュールに盛り込むことも検討します。

③ 過去の株式の売買実例・その価格

法人税・所得税における時価は，「当該事業年度終了の日前6月間において売買の行われたもののうち適正と認められるものの価額」（法人税基本通達9－1－13(1)），「最近において売買の行われたもののうち適正と認められる価額」（所得税基本通達23〜35共－9(4)イ）として，通達ではありますが認知されたルールがあります。

したがって，今後の増資等における株価においては，そのような取引事例があれば，エビデンスを入手すると共に，当然に考慮する必要があります。なお，

このような取引がなければ，ないという事実も確認しておきます。

(3) 決算書・税務申告書

事業計画の妥当性を検証するための過去の業績とその推移，資本金の推移の把握や，株価算定資料の一部として必要です。

顧問税理士であれば，すでに手許にあると思います。最近顧問契約をした顧問先であれば，過年度分3年分程度は入手しておくのが良いでしょう。

(4) 事業計画

株価算定のため，上場までの中長期経営（事業）計画，および上場後の事業計画が必要です。

増資等の株価算定（**Q12**参照）にあたって，また，上場時における公募価格を想定する（時価総額（バリュー）を想定する）ためにも必要です。

会社で作成している妥当な事業計画があれば，もちろんそれが一番良いのですが，実際には，単なる予測・希望の損益計算しかないケースも多くみられます。たとえば，直前期の実績と過去の推移をもとに，売上年○％増として表計算の算式で出すようなケースです。

事業計画には，今後の成長性等を説明できるもの（**Q2**参照）にもとづき，より具体的に，以下の事項等が必要です。

・目標（例：現在の売上・利益，3年後の売上・利益）
・それを実行するための実現可能な戦略（例：3年後の目標売上達成のための市場戦略・購買戦略・増員人数・設備投資・必要資金等）

これらをベースとして，損益および投資額を数字化していきます。上場後の事業計画についても同様であり，さらに，その実行に必要な調達すべき資金額を算定します。

前記(1)～(3)は，すでにあるべき情報を入手するだけですが，もしこのような実現可能性（妥当性）のある事業計画につき，作成していない場合は新たに作成する必要があります。

　顧問税理士は，会社の内容を理解しているので，上場準備室や経営企画室等が策定した事業計画があればその内容をチェックし，必要な助言を行うことができます。また，社内で作成できなければ，経営者に目標等をヒアリングしながら必要な情報を得つつ，税理士自身で策定することもできます。このような場合には，税務顧問契約や資本政策策定契約以外に，事業計画策定契約も締結しましょう。

(5)　会社・経営者の意向

　前記**Q10**記載のとおり，インセンティブ，資金調達額，創業者利得，経営者の維持したいシェア（**Q13**参照）等を確認します。最初の策定時点ではあくまでドラフトなので，希望のレベルでも問題ありません。

　これは，資本政策は1回策定したら終わり，ではないからです。

　事業計画の見直しや，オーナー経営者の変わる意向や，市場動向等により，何度も追加修正することとなります。資本政策は実行したら，また，タイミングが過ぎてしまったとしたら，実行したことを遡って修正等することはできず，実行しなかったことを実行したものとすることはできないので，事前の十分すぎるくらいの検討を踏まえた策定が要求されます。

Q12 株価の算定

上場準備における資本政策の策定にあたって，株価を算定する必要がありますが，評価方法にはどのようなものがありますか。また，留意点なども教えてください。

A 資本政策において検討する株価の評価方法として，税法上の評価方法のほか，DCF方式，マルチプル方式，ベンチマークとする上場会社・業種のPER倍率方式などがあります。申請期までのステージごとに評価方法を検討します。ただし，ダウンラウンド（上場過程で株価が下がること）に留意します。なお，顧問税理士による評価ではないほうが良いこともあります。

解説

1．申請期前3年以前

申請期をN期とすると，N－3期以前の株式移動については，上場審査の対象外の取引です。とはいうものの，手続き上は法令順守（増資の手続きや株式譲渡承認手続き等の適正性）が求められ，また，適正な株価による取引でないとされれば税務上のリスクが生じます。

そこで，この時期における株価は，法人間，法人個人間であれば非上場株式の法人税上・所得税上の評価額により，個人間であれば贈与税（相続税）上の評価額によることとなります。まさに，顧問税理士の真骨頂です。

(1) 法人間の売買，法人個人間売買，組織再編，資本取引（自己株買い，増資）

以下のケースにおける株価については，後記①②のケースごとに時価評価します。

・法人間の売買取引

- 法人から個人への譲渡
- 個人から法人への譲渡（低額譲渡の回避）
- 合併比率・株式交換比率・株式交付比率等の根拠
- 第三者割当増資
- 自己株買い(※)

（※）自己株買いした発行法人側は資本取引に該当するため，無償または低廉譲渡を
　　受けた場合，発行法人自体に課税問題は生じませんが，譲渡した側が法人であれ
　　ば時価との差額が寄附金等（寄附金・交際費／譲渡益・みなし配当），譲渡した側
　　が個人で他の個人株主の含み益が増加すれば譲渡した個人から他の個人株主への
　　贈与とされます。

① 第三者間取引

　ご存じのとおり，法人税法において適正な時価に関する規定はありません。純然たる第三者間取引（利害関係，支配関係，売買に至った事情等に照らし，正常な取引条件で合理的に算定されたもの）において，種々の経済性を考慮して決定された価額により取引されたと認められる場合などは，一般的に合理的なものであるとされています。したがって，純然たる第三者間取引であれば，その売買に至った諸事情に照らし，正常な取引条件で合理的に算定されたことを証明できれば，適正な時価と認められます。

② 純然たる第三者間取引でない可能性がある場合

　たとえば，従業員持株会は，会社と従業員という利害関係があるため，不特定多数の当事者間での自由な取引とはいえないとされています。このような場合は，法人税基本通達（9－1－13・9－1－14）（本来は評価損の算定方法ですが時価の算定方法として利用されています）・所得税基本通達（23～35共－9，59－6）により評価することとなります。ちなみに，通達には法的拘束力はありませんが，過去の判決では合理性があるとされているため，実務上はこれに従うことがリスクのない方法です。

　また，個人が法人に譲渡する場合は，低額譲渡に該当してしまうと時価で譲渡したものとされて課税され（所得税法第59条第1項第二号），株主間の贈与

（相続税法基本通達9－2）のリスクも生じかねないため，通達での評価額を算定する必要が生じます。

　なお，財産評価基本通達には第6項が，法人税には同族会社の行為計算否認規定があるため，これらの評価額につき，意図的・過度な節税等の目的で算定されたものであれば，税務上否認される可能性もあります。ただし，上場準備中の株価算定においては，評価額を無理に下げるような作為的行為はむしろ上場の足を引っ張ることにもなりかねないためそのような行為はないと考えられ，通常はそこまで考慮しなくても良いと思われます。

(2)　個人間売買

　個人間の売買取引には，贈与税の課税リスクを鑑みて，財産評価基本通達により算定した価額によることとします。なお，個人の自己株買いに伴う他の個人株主へのみなし贈与（前記(1)（注）参照）のほか，第三者割当増資の失権株等の取扱い（相続税法基本通達9－4，9－5，9－7），合併比率・株式交換比率・株式交付比率等の根拠(注)が，意図的に調整されて結果として個人株主に贈与の効果が生じている場合なども，贈与税の課税リスクが生じます。

　ところで，贈与税は贈与を受ける側に課税されるため，オーナー経営者（大株主）から従業員や従業員持株会といった少数株主（財産評価基本通達188）に譲渡する場合は，選択できる評価方法の中から一番安い評価額（配当実績が低く，法人税上の1株当たり資本金等が高くなければ，一般的には特例的評価方法である配当還元価額）で譲渡することができます。

　反対に，少数株主から大株主に譲渡する場合は，原則的評価額（類似業種比準価額，時価純資産価額，類似業種比準価額と時価純資産価額の折衷等）より低ければ大株主に贈与税が課税されます。

（注）合併比率・株式交換比率・株式交付比率等の根拠が，前記(1)による適正な評価額であれば，贈与税の課税リスクは生じないと考えられます。

2．申請期前2年前以降

申請期をN期とすると，N－2期以降の株式移動については，上場審査の対象取引であり開示されます（**Q18**参照）。N－3期以前と同様に，手続き上は法令順守（増資の手続きや株式譲渡承認手続き等の適正性）が求められ，また，適正な株価による取引でないとされれば税務上のリスクが生じますが，さらに，株価の評価方法の妥当性を保全するため第三者による専門家の評価が求められます。顧問税理士は会社と税務顧問契約を交わしていることから，残念ながら，純然たる第三者とはいえないとされます。

(1)　評価者

顧問税理士は会社と税務顧問契約を交わしていることから，純然たる第三者とはいえないとされますが，前記1．の評価方法による場合は，顧問税理士でも問題ないと考えられます。

ただし，N－2期になると，会社は事業計画を立てて予実管理を始めているか，その準備にとりかかっています。そうなると，通常は，財産評価基本通達に準じた時価純資産といった評価方法ではなく，インカムアプローチ（主としてDCF方式[※1]），さらに上場が近づいてくると場合によってはマーケットアプローチ（マルチプル方式[※2]）による評価額を求められます。なお，想定公募価格としてはPER倍率方式[※3]等による評価が考慮されます。

DCF方式やマルチプル方式等は，評価者の恣意性[※4]が反映されかねないため，会社にとって純然たる第三者による評価が必要になります。

また，会計監査期間における取引の株価評価額については，会計監査を担当する監査法人・公認会計士の検証がなされ，場合によっては評価者への質問・確認等も行われます。東証審査における質疑応答が必要になることもあります。そこで，評価を依頼する専門家として，公認会計士が挙げられますが，評価には経験や知見が求められるため，資格だけでなく実績・経験が重要です。

（※1）DCF（Discounted Cash Flow）方式

会社が将来生み出すフリー・キャッシュ・フロー（事業活動により生じた資金

のうち自由（フリー）に使える資金（キャッシュ））を，現在価値に割引した評価額（事業価値）に，事業活動に直接影響しない資産を加算し（企業価値），有利子負債を減算した額（株主価値）によって，その会社の時価総額を算定します。なお，評価時点では未上場のため，流動性に関するディスカウントを行います。

　ちなみに，会社が将来生み出すキャッシュ・フローは，事業計画がなければ算定できません。その事業計画も妥当な方法により策定されたもの（**Q2**参照）である必要があります。また，妥当な方法で策定された事業計画であっても，実績と比較して差異分析し，異常があれば是正するなど，より実行可能性の高い計画でなければなりません。信頼性に問題があるような事業計画では，算定される評価額は恣意性が高くなり，適正な評価額とはいえなくなるからです。すなわち，妥当な事業計画が策定できないレベルであればDCFによる評価はできないことになります。

（※2）マルチプル方式

　類似会社比較法をいいます。類似する同業他社の各指標と評価会社の各指標を比較した率をその同業他社の市場価格に反映させて算定します。財産評価基本通達の類似業種比準価額に似ていますが，類似業種比準価額では国税庁の指定する業種別の株価をベースとするのに対し，マルチプル方式では同業他社を任意で選択して市場価格を収集します。各指標は，類似業種比準価額の場合は標準配当，調整課税所得，法人税上の純資産の3つとしますが，マルチプル方式ではEBITまたはEBITDA，PER，PBR，フリー・キャッシュ・フロー等を指標とし，どれか1つまたは複数の指標で算定します。

　なお，マルチプルは評価者の自由度が高いこと，また，非上場会社の評価を同業他社とはいえ上場会社と比較するのはその規模からして類似しているとはいえないこと等から，通常は，他の評価方法と組み合わせ，または，参考値として使用することが多くみられます。

（※3）PER（Price Earnings Ratio）

　株価収益率のことです。選択した同業他社の株価を1株当たりの当期純利益で割ります。算定が比較的簡単で理解されやすいため，証券会社が資本政策を策定する場合の想定公募価格（後記4.参照）は，主にこの方法によります。評価会社の1株当たり利益にPERを乗じれば（PER倍率法）すぐに想定公募価格が算定できます。

　ちなみに，PBR（Price Book-value Ratio）株価簿価純資産比率による評価もあります。選択した同業他社の株価を1株当たりの簿価純資産で割ります。ただし，

上場会社の多くがPBRにつき１を割っていたり，類似同業他社といっても純資産額は創業からの時間等の経過が異なるため，過去の蓄積利益，配当による流出額，増資等の歴史が似たようなケースは稀であることから，参考値とすることはあってもこれをもって評価することはあまりありません。

（※４）① 　DCF方式の恣意性

評価のベースとする事業計画の期間を超える期間については予測不能であることから，その後の期間（継続期間）について，永久成長率（TV）を用いますが，これについては一定の成長率があるとするケース，異なった成長率であるとするケース，０％であるとするケース，物価上昇率に等しくするケース等々があります。割引率においては，β値についてはその元となる市場データのとり方（平均値なのか中央値なのか等々），マーケットリスクプレミアムにおけるマーケットの選択については基準となる年・期間・市場（グロース市場，日本，先進国等）等々，サイズリスクプレミアムも乗じるかどうか，流動性ディスカウントについても考慮すべきか否か（流動性ディスカウントは30％としているケースが多くみられます。これは，おそらく米国では20％から30％がスタンダードとされ，また，財産評価基本通達の類似業種比準価額において30％ディスカウントしていること等から，理解されやすい率と考えられます）等々，評価者がその株価評価に最も適切と選択・判断する事項が多岐に渡ることから，恣意性が生じます。

ただし，評価者の知見・経験等や，使用するデータ提供会社（イボットソンアソシエイツジャパン等）のデータ等により，ある程度，おおむね妥当な範囲におさめることは可能といわれています。

ちなみに，最近は課税当局がDCF法により評価した額で否認するケースも出てきましたが，恣意性が強いとして，再度第三者による評価を出して，それを有効とする裁判例もあります。

② 　マルチプル方式の恣意性

同業他社を任意で選択する時点で評価者の恣意性が生じる可能性が高まります。各指標の選定にしても，EBITまたはEBITDA，PER，PBR，フリー・キャッシュ・フロー等を指標とし，どれか１つまたは複数の指標で算定することから，これらの選定も評価者の考え方によります。

3．株価の留意点

(1)　ダウンラウンド

各年度の事業計画の達成等により，理論上の株価は徐々に（または一気に）

上昇します。資本政策を実行するにあたっても，ストックオプションの行使価格や増資の1株当たり払込価額につき，早い時点では株価は低く，上場が迫るにしたがって株価は高くなります。そして，晴れて新規上場する際には今まで以上の株価により市場に出ることになります。

　しかし，仮に上場準備過程において株価が下がったり，新規上場時の株価が上場準備過程より低くなったりしたら，ストックオプションは無価値となり，株式には含み損が生じることとなります。たとえば，その時点で人気業種の企業が，ベンチャーキャピタルから1株当たりの払込価額をマルチプル方式で高く算定した額により投資を受けたものの，その後の市場においてその業種の人気が落ちたり，市場全体が低水準となった場合などに起こり得ます。ベンチャー企業がベンチャーキャピタルから2回目の資金調達（増資）をする際，1回目の資金調達時より株価が下がる（ダウンラウンド）ことは，ないわけではありません。

　このようなケースの場合，ストックオプションの再発行を検討したり，市場が回復するまで上場を延期したりすることになります。

　したがって，前記1.，2.に記載した株価について，適正な方法で評価しつつ，ダウンラウンドが生じないよう留意する必要があります。

⑵　ストックオプションの行使価格

　ストックオプションの行使価格は，発行時における発行要項において1株当たりの行使価格またはその算定方法を決めますが，この行使価格は，割当（付与）時における時価以上であれば，割当（付与）時の課税は生じません。また，税制適格ストックオプションの場合は権利行使時にも課税されません（**Q15**参照）。

　この場合の割当（付与）時における時価については，所得税基本通達23～35共－9および租税特別措置法通達29の2－1（2023年7月7日国税庁改正）により算定することも可能です(※)。

（※）国税庁から「ストックオプションに対する課税（Q＆A）」（2023年7月改訂）が公表されています。これによれば，売買実例がなく，公開途上でもなく（コラ

ム「公開途上の相続性評価額」参照），類似会社もない場合は，「会計上算定した」株価の50％以下の場合など著しく不適当と認められる場合を除き，財産評価基本通達に準じて算定することができるとしています。なお，「会計上算定した」とは，第三者において適正に評価されたという意味と考えられ，算定方法としては時価純資産のほかDCF法やマルチプル法なども理論上は考えられます。

　ちなみに，ストックオプションの行使価格の算定評価書は税務上だけでなく会計監査上も必要になることから，いずれにしろ第三者による評価書は準備しておくことになります。

　ところで，この改正前は，普通株式も種類株式も同じ評価になるとの考え方を排除できずに，税務リスクを鑑みて保守的に評価せざるを得ない状態でした。たとえばスタートアップ企業に対して種類株式によるベンチャーキャピタル投資（**Q20**参照）がなされたことで株価が非常に高くなってしまい，同時またはその直後に発行するストックオプション（行使後は普通株）の行使価格をその種類株式と同額にせざるを得ないと考えられたことから，ストックオプションの効果があまり期待できない状態になっていました。しかし，この改正により，株式の時価については株式の種類ごとに評価してよいこと等が明確になったため，このようなスタートアップ企業における税制適格ストックオプションは，割当（付与）しやすくなると考えられています。

4．想定公募価格（公開価格）

　資本政策策定にあたって想定する新規上場時の公募価格につき，ブックビルディング等（後記**5．**参照）するまでは投資家等の意見は不明なので，ベンチマークとする上場会社の株価や，その業界の平均PERを参考に，妥当と思われる株価を算定します。さらに非上場ディスカウント（後記**5．**参照）を反映させることもありますが，このディスカウントは策定初期には想定が困難であり，誤差の範囲として考慮しないこともあります。

　たとえば，その業界のPER平均が20で，会社の1株当たり純利益が1,000円であれば，株価は20,000円となります。非上場ディスカウントが20％なら16,000円になります。

　なお，上場後の単位数（1単元100株）や売買しやすさを鑑みて，株式分割をすることで1株当たりの株価を調整します[※]。このケースだと，株式を購

入するのに最低でも200万円（20,000円×100株）が必要となってしまうため，たとえば10倍の株式分割を行い，1株2,000円（1単元あたり20万円）とすることで，株式の流動性を高めやすくなります。

（※）東京証券取引所が推薦する最低取引額は，1単位当たり50万円未満（5万円以上の規定は2023年10月に撤廃）です。したがって1株5,000円の範囲内の株価になるように株式分割します。なお，最近は個人がより手軽に投資することができるよう，1株100円以下のようなケースも出てきています。

5．参考

新規上場する場合の実際の公募価格は，以下の段階を経て，評価されます。

(1) 仮条件

証券取引所の申請承認が通ったら，公募増資・売出のために有価証券届出書（**Q10**参照）を提出し，ロードショーを行います(※)。ロードショーとは，経営者が大手・中小・複数の機関投資家に対し，自社の事業モデルや特徴等を説明する，いわば会社説明会です（経営者自ら複数の機関投資家を短期間で回るため，体力も必要です）。

主幹事証券会社はロードショーや目論見書等に基づく機関投資家からの意見を聴取（プレマーケティング）し，株式の需給等を検証し，暫定的な公募価格（仮条件）としての価格（範囲）を決定します。当初の有価証券届出書とは公募価格等が変わるため，会社は有価証券届出書の訂正届出書を提出します。

なお，この仮条件の価格帯につき，予定する資金調達額に届かない場合や上場までの増資等における株価とのバランスが悪い場合・ダウンラウンドが生じている等の場合は，この時点で上場申請を取り下げるケースもあります。

（※）2023年10月1日から，上場承認前に「承認前届出書」を提出すること（S－1方式）が可能となりました。この方法を選択すると，機関投資家とのコミュニケーション開始時期が前倒しされることから，上場承認日から上場日までの期間を短縮することができます（1ヵ月→3週間）。ただし，発行価額等を未定とするなど情報量が少ないことから，公募価格に何らかの影響が生じるのではないか

と懸念されています。

(2) 公募価格（公開価格）

　仮条件の価格の範囲を投資家に提示し，公募価格を決定します。ブックビルディング（需要積み上げ）方式と呼ばれ，通常は，機関投資家の意見のうち最高値と最低値を外して平均値や中央値をとる等して，合理的に算定されます。シンジケート団（**Q4**参照）を組む他の証券会社の意見等も参考にします。

　また，公募価格は上場後の初値と違い，その時点では非上場会社の株価であり，証券会社がその株価を基にした引受価格ですべて引き受けて市場に出す（**Q10** 参照）ことから，投下資本の回収リスクがあるとして，ディスカウントされます。ディスカウント率は証券会社の見積りであることから，なかには0％というケースもありますが，20％～30％が多いといわれています。

　ここで主幹事証券会社に丸投げすると，新規上場において最も重要な公募価格が会社の意図する株価と異なる場合（**Q10**参照）があるので，主幹事証券会社と納得いくまで交渉等すべきです。

　ちなみに，このディスカウントがあることから，新規上場時の公募価格は割安であるとして，個人投資家が公募価格での公募増資に応じ，また，新規上場直後に買いが集中し，値が付いたらすぐに売り抜けることから，初値が急騰してその後急落するといった問題が生じる原因の1つといわれています。

　公募価格が決定したら，有価証券届出書の訂正届出書を再度提出します。

コラム

公開途上の相続税評価額

　取引所が上場承認した日から新規上場前日までの間に株主が亡くなられた場合の相続税評価額は，公募価格で評価されます（財産評価基本通達168・174）。ただし，公募価格が想定より低すぎる等により，直前で上場を取りやめた場合，公募は行われないため，公募価格での評価はなされない（財産評価基本通達により評価することが著しく不適当と認められる場合を除く）ことになります。

Q13　議決権の確保依頼

　顧問先である中小企業のオーナー社長から，上場しても議決権を過半数
は保有し続けたいと要望されました。どのような条件をクリアすれば，議
決権を過半数維持できるでしょうか。

A　上場する市場の形式基準をクリアする必要があります。クリアしたとしても，流通株式数（**Q10**参照）が少なければ，少しの取引でも株価は乱高下してしまいます。また，株価が低ければ会社が必要な資金を得るための公募増資による増加株式数が増え，持株割合は低くなります。これらを踏まえて，株式数（議決権数）がどれだけ確保できるか資本政策でシミュレーションします。

解説 ………………………………………………………………………………

　まずは，**Q10**に記載のとおり，資本政策により上場時の時価総額，公募価格の想定額，公募増資数，売出株式数を踏まえて，形式基準をクリアし，オーナー経営者（大株主）の議決権数・持株シェアを想定します。その結果，上場後に想定される持株シェアが低ければ，オーナー経営者の持株数を上場までに更に増やすだけでなく，希薄化を防ぐために時価総額をアップさせる努力が必要であることを，オーナー経営者に理解してもらうことになります。

1．東証のグロース市場・スタンダード市場の上場基準（形式基準）

　形式基準は各市場のWEBサイトで確認することができます。

　グロース市場では利益や純資産の額を問わないものの，公募増資が義務付けられています。スタンダード市場では利益や純資産の条件はあるものの，公募増資せず売出だけによる上場も認められますが，一般的には公募増資も行います。

　ちなみに，ゆうちょ銀行の上場時（プライム市場）は売出だけでしたが，このような事例はあくまで特殊なケースです。

	グロース市場	スタンダード市場
株主数（上場時見込み）	150人以上	400人以上
流通株式数（上場時見込み）	1,000単位[(※1)]以上	2,000単位以上
流通株式の時価総額	5億円以上[(※2)]	10億円以上
流通株式比率	25%以上	25%以上
公募の実施	500単位以上の株券発行[(※3)]	
その他		連結純資産額が債務超過でないこと
		最近1年間の利益が1億円以上

（※1）　1単位は100株
（※2）　原則として公募価格×流通株式数
（※3）　上場日の時価総額が250億円未満の場合

2．理論上の最少の上場

　グロース市場の場合，理論上の最少の上場は以下のとおりとなります（オーバーアロットメントは実施無しとし，上場前の株主は1人100%と仮定します）。

	株数・金額等	算定根拠
(1)　流通株式数	10万株	100株×1,000単位
(2)　公募増資による増加株式数	5万株	100株×500単位
(3)　売出株式数	5万株	(1)－(2)
(4)　発行済株式数	40万株	(1)÷25%
(5)　時価総額	20億円	5億円÷25%
(6)　1株当たり公募価格	5,000円/株	(5)/(4)
(7)　公募増資額	2億3,000万円	(2)×(6)×（1－8%（※））

(8)	既存株主の売出額	2億3,000万円	(3)×(6)×（1－8％）
(9)	既存株主の売出後の株式数	30万株	(4)－(2)－(3)
(10)	既存株主の売出後の持株割合	75％	(9)÷(4)

（※）引受手数料8％と仮定

3. 実際の資本政策とその工夫

(1) 想定公募価格の検証

　上場時の想定公募価格（公開価格）は資本政策を策定する上での想定なので，必ずしも想定どおりとはいきません。会社が事業計画を達成しているとしても，市場はそれ以外の環境等の要因で変化するからです。高ぶれするのならよいのですが，低くなってしまうようであれば，流通時価総額の形式基準である5億円をキープするために，資本政策における想定数を超えた更なる公募増資・売出が必要になることもあります。しかし，発行株式が増えれば1株当たりの価値が希薄化するため株価が下がってしまいますし，売出を増やせば大株主の持株シェアが下がります。したがって，会社の規模が小さければ小さいほど，バッファーを持たせる必要が生じます。

　オーナー経営者（大株主）の持株シェアを一定程度維持するためには，資本政策の策定における想定公募価格につき，ある程度の幅や複数のパターンでシミュレーションしておく必要があります。

(2) 持株シェアの調整

　上場直前の株主が1名で100％持株を所有していれば，前記2.のようになります。

　ところで，流通株式からは，オーナー株主以外の役員やその親族，その関係会社，取引先等だけでなく，公募増資・売出時に購入した従業員持株会（**Q18**参照）や，流通性に乏しいと取引所が判断した株式が除かれます（**Q10**参照）。また，そもそも資本政策を検討する最初の時点で，すでに役員や取引先等が株主になっている場合のように，オーナー株主以外にも，流通株式以外の複数の

株主がいることがあります。

　さらに，ストックオプションを発行・割当したり，ベンチャーキャピタルからの増資をすでにある程度のシェアで受けているケースもあります。

　このような，資本政策を検討する最初の時点におけるオーナー経営者（大株主）の持株シェアが，上場時の想定シェアから遡ってみて低いようであれば，株価の低い時期に有償ストックオプションの割当（**Q16**参照）等により，上場時のシェアを増やす方法を資本政策に盛り込む工夫が必要となります。

(3)　時価総額アップの必要性

　前記(2)の調整や工夫次第で，資本政策のシミュレーション上は議決権を過半数確保することはできます。しかし，あまりに余裕のない流通株式数では，公募増資による資金調達に支障が生じたり，少しの取引で株価が乱高下したりしかねません。

　それを避けるためには，上場時の時価総額が高ければ高いほど，流通株式数とそのシェアをギリギリまで抑えることができるため，オーナー経営者（大株主）の議決権を高く維持できます。裏を返せば，前記2.のような小規模な上場ほど，議決権の維持は困難です。オーナー経営者（大株主）が，上場しても議決権を過半数維持したいのであれば，市場が判断する自社のバリュー（時価総額）を上げることが必要です。

Q14　ストックオプション

　顧問先である中小企業のオーナー社長から，上場するにあたって，役員・幹部社員や取引先にストックオプションを付与したいので，支援してもらいたいと依頼されました。なんとなく理解しているつもりですが，改めて，ストックオプションの内容や，付与可能な最大限の数・条件その他留意すべき事項について教えてください。

A　ストックオプションとは，新株予約権や株式購入権など，株式を取得する権利をいい，通常は，権利行使時に新規に株式を発行するため，新株予約権といいます。

　新規上場時における潜在株式（新株予約権，新株予約権付社債等）数は，発行済株式数の10％程度に抑える傾向があります。

　割当（付与）先については，役員，従業員のほか，取引先や支援者等を対象にすることができます。ただし，発行会社に関係のない役員の友人等は避けるべきです。

解説

1．ストックオプション

　ストックオプションとは，あらかじめ定められた条件（価格，株式数，期間等）により株式を取得する権利をいい，取得する株式は，通常は発行会社が新たに発行するものであることから，新株予約権といわれます。

　オプション契約なので，本来はその権利を金融商品として取得し，株価より安ければ権利行使して，その株式を時価より安く取得するものです。権利行使価格が株価より高ければ権利行使する意味がないので，オプションはその時点では無価値となります。

　非上場の会社においては，その株式を取得しても市場がないため，通常は発行しません。ただし，上場するとなれば市場性が生じるため，上場前の株価が

安い時期に，役員や従業員に対しインセンティブとして割当（付与）[※]する
ケースが多くみられます。

（※）割当・付与については**Q9**参照。

２．税制適格ストックオプション

　金融商品であるストックオプションは，本来その権利を事前に取得し，ある
時点でその権利を行使してその時点での株価より安く株式を取得するものであ
り，行使時点では権利行使しただけなので，課税は生じません（**Q16**参照）。

　一方，まだ上場できるか未確定の準備段階では，もしかしたら無価値になる
かもしれず，また，インセンティブの目的からしても，役員や従業員にストッ
クオプションを有償で買わせるのは困難です。そこで，役員や従業員に対して
は，無償でストックオプションを割当（付与）することにします。

　ただし，割当（付与）時に課税問題が生じないように，割当（付与）時にお
ける株価（評価額）以上の価格を権利行使価格とすることとします。これは，
この権利を譲渡禁止とし，行使価格が割当（付与）時の株価以上であれば，そ
の時点でのオプションの価値（本源的価値）は，株価－行使価格であるとされ
て，給与課税は生じないからです。

　割当（付与）後に株価（評価額）が上がればストックオプションの含み益が
生じますが，所得税は実現主義なので，含み益には課税されません。しかし，
株価が上がって権利行使すると，そこで含み益が実現することとなり，課税さ
れることとなります。役員や従業員の立場であることを理由として割当（付
与）された場合は，給与所得になります[※]。

　そこで，一定条件（**Q15**参照）を満たす場合は，権利行使時の課税を繰延べ，
その権利行使した株式を譲渡した時点で譲渡所得とする規定ができました。こ
れを税制適格ストックオプションといいます。

　なお，役員や従業員だけでなく，一定の要件を満たした会社が一定の外部協
力者に付与する場合にも，税制適格ストックオプションとすることができます
（**Q15**参照）。

（※）2002年当時，外資系企業の日本子会社の役員等が，親会社から割当（付与）された　ストックオプションを行使した際，子会社の役員であり親会社の役員・従業員ではないことから一時所得として申告納税することが一般的でした（当時日本ではストックオプションという制度が一般的でなかったことから，行使時ではなく譲渡時に譲渡所得として申告納税したケースもありました）が，課税当局が給与所得として認定課税し，納税者側は裁判で負けてしまいました。この裁判を機に，日本においてもストックオプションに関する課税制度が整備されました。

3．割当（付与）可能な最大限の数

　以前は発行済株式数の10％という制限がありましたが，2002年4月改正（当時は商法改正）により，現行の会社法では，ストックオプションの発行限度はありません。

　ただし，発行したストックオプションにより行使される株式数が，発行可能株式総数（いわゆる授権枠）を超えることはできません。そこで，発行可能株式総数から発行済株式を控除した残数の範囲で発行することとなります。

　なお，株式譲渡制限会社（株式の譲渡に関し取締役会や株主総会等の承認を必要とする会社）(※)であれば，発行可能株式総数は何株でもよいので，ストックオプションにより授権枠が不足するのであれば，株主総会における発行決議と同時に発行可能株式総数を増やす決議をすることで対応可能です。

（※）一般的に非上場会社は，無関係の第三者等に株を売買されないように，譲渡制限を付しています。仮に上場準備会社にもかかわらず譲渡制限がないようであれば，株主の特定が困難となり，さらに万一，反社会的勢力等が株式を所有するようなことにでもなれば，上場することはできません。そこで，上場するまでは株式譲渡制限のままとし，上場申請直前に定款変更して譲渡制限を外します。

4．割当（付与）対象者

　割当（付与）者が役員や従業員であればストックオプションによる利益は給与所得（税制適格ストックオプションであれは譲渡所得）となります。顧問税理士や個人の取引先や，外部協力者（専門的な知識や技術をもって社外からでも会社に貢献するエンジニア，弁護士等の高度人材）であれば事業所得（税制

適格ストックオプションであれば譲渡所得（**Q15**参照））になると考えられます。

　ところで，会社にまったく関係のない，たとえば経営者の友人などに対して割当（付与）した場合，所得税上は一時所得になりますが，そもそもそのような利益を享受する理由がなく，割当（付与）することの妥当性を説明できない場合，経営者の私的行為として上場会社の経営者としての資質まで問われかねません。また，過去に政治家への献金の代替行為としてストックオプションを割当（付与）したことが社会的に問題になったケース（リクルート事件）もあったことから，会社に関係ない人・企業への割当（付与）は避けるべきです。オーナー経営者が，自分の私的な友人・知人に割当（付与）したいと要望された場合に，社内の従業員等からは拒否しづらいものですが，顧問税理士であれば，丁寧に説明して理解いただくことは可能と思われます。

5．新規上場時の潜在株式

　新規上場時には，潜在株式数（新株予約権，新株予約権付社債など，権利行使・転換等により株式になるその株式相当数）は発行済株式数の10％以内とすることが求められます。これは，潜在株式が多いと株価形成に不安定要素が生じる（いつ何株増えて市場に出るか不明）ことから，10％以内におさめましょう，ということです。2002年3月までの商法（会社法の前）で10％以内との制限があり，この割合であれば市場への影響が軽微であるとされていたことから，これを参考にされていると考えられます。

6．取引所への確約書

　上場申請の直前期以降（上場申請直前年度の末日の1年前の翌日以降）にストックオプションの割当を受けた者は，割当日から上場後6カ月間（割当日から1年未満の場合は1年間）はストックオプションまたはその権利行使により取得した株式につき，短期で利得を得る行為の防止のため，譲渡することが禁止されています（上場基準におけるロックアップ対象となります）。そのため，

継続保有を確約するための書面を発行会社と交わし，上場申請書類に添付することになります。

　そこで，割当てと同時に確約書も締結することとなりますが，発行会社としては直前期以降だけでなく直前期前に発行したストックオプションについても，上場までは管理上所有者の異動は避けたいため，ロックアップを含めた確約書を交わすことがあります。

　なお，役員・従業員（申請会社のほか子会社を含む）に対して報酬として割当（付与）したストックオプションについては，確約書は必要なものの，上場後6カ月間の譲渡禁止規定はなく，上場日以後は譲渡することができます。

7．支払調書

　ストックオプションを行使した場合は，発行会社はその翌年1月末までに，新株予約権の行使に関する調書・合計表を提出する必要があります。ただし，税制適格ストックオプションについては割当（付与）時の翌年1月末までに特定新株予約権の割当（付与）に関する調書・合計表（**Q15**参照）を提出するので，行使の支払調書は不要です。

新株予約権の募集

　新株予約権も，金融商品取引法上で有価証券とされることから，「募集」に該当した場合，有価証券通知書・有価証券届出書の提出が必要になります（**Q10**参照）。この場合の発行価額の総額が1億円以上になるかどうかは，新株予約権の発行価額と行使価額の総額で判断することになります。

　また，募集とされないためには3カ月以内に50人以上への割当（付与）にしないように留意すると共に，権利の転売制限だけでなく，分割等ができないように，発行会社と割当者の間で新株予約権に関する契約を締結する際，新株予約権を1個からさらに分割できない条項も入れておくことが必要です。

　なお，割当（付与）者が取締役・従業員のみの場合は，有価証券通知書，有価証券届出書の提出は不要です。

Q15　税制適格ストックオプション

　顧問先である中小企業のオーナー社長から，上場するにあたって，今ま
で会社に貢献してくれた役員や幹部社員に，税制適格ストックオプション
を割当（付与）したいので，発行要項を検討するよう依頼されました。税
法等で要件は確認しましたが，実際に発行するにあたって気を付けるべき
ポイントを教えてください。

　発行時に税制適格要件を満たしておく必要があります。たとえば行使期
間を間違えてしまって発行後に発行要項を修正することで適格要件を満
たしても，税制適格ストックオプションにはなりません。
　また，発行要項で対応できない適格要件があるため，別途契約書を交わ
すこととなります。

解説

　税制適格要件を満たすためには，租税特別措置法第29条の2（特定の取締役
等が受ける新株予約権の行使による株式の取得に係る経済的利益の非課税等）
の要件すべてをクリアする必要があります。

　なお，株主総会で決議される新株予約権の発行要項は，税制適格要件を満た
す必要がありますが，発行要項の範囲外にも必要な適格要件があるため，取締
役会における各人別の割当（付与）決議に基づき，別途，会社と割当（付与）
者との間で新株予約権の行使の制限等に関する契約(※)を締結することをもっ
て，新株予約権を割当（付与）する必要があります。

（※）前記**Q14**の確約書とは別の契約です。

1．行使期間

(1)　税制適格要件

　割当（付与）決議後 2 年経過した日から10年経過する日（会社設立 5 年未満である等の場合は15年経過する日）までです。発行要項に行使可能期間を記載することで要件をクリアできます。

(2)　気を付けるポイント

　割当（付与）決議した日は株主総会決議日^{（※）}であり，この日から 2 年間は行使できませんが，行使期間の開始日は決議日から 2 年経過「した」日であるため，応当日ではなくその翌日となります。また，行使期限は10年（または15年）経過「する」日であるため，応当日となります。

　たとえば， 6 月28日に決議したら， 2 年後の 6 月29日から10年後（または15年後）の 6 月28日までのぴったり 8 年間（または13年間）が行使可能期間となります。

　なお，このような場合は， 2 年後の 7 月 1 日から10年後（または15年後）の 5 月31日とすることで，行使可能期間は 8 年未満（または13年未満）になってしまいますが，日付ミスを防止するとともに，新株予約権の管理がしやすくなります。

（※）新株予約権の発行は，株式譲渡制限会社（**Q14**参照）においては株主総会の特別決議により決議します（後記 **5** ．（※）参照）が，その有効期限は 1 年間であり，誰に何株分のストックオプションを割当（付与）するかは，取締役（取締役会設置会社であれば取締役会）に委任することができます。

　　ただし，租税特別措置法の条文上では株主総会決議日か取締役会決議日か明確でないこと，および行使価格とする時価評価への影響（後記 **3 (2)** 参照）から，リスクを避けるために，同じ日に決議し同日付で割当（付与）者と契約を締結するのが無難です。

　　ちなみに，2024年の産業競争力強化法の改正により，会社法の特例を新設して，この株主総会の特別決議の有効期限である 1 年間の制限撤廃や，行使価格・行使期間等につき取締役会へ委任することが，可能となる予定です。

2．行使額限度額

(1)　税制適格要件

権利行使価額の限度額は年間1,200万円です。

なお，2024年度税制改正[※]により，設立20年未満の会社が発行する場合の年間の権利行使価額の限度額は，以下のとおりになります。

- 設立5年未満の非上場会社　：　2,400万円
- 設立5年以上20年未満の非上場会社　：　3,600万円
- 設立5年以上20年未満で上場から5年未満の上場会社　：　3,600万円

（※）2024年度以降の所得税について適用されます。なお，本税制改正の施行日前に割当（付与）された税制適格ストックオプションにつき，2024年内において契約書（下記(2)参照）の権利行使価額の年間限度額等を上記に変更（増額）した場合にも，2024年度以降の所得税について適用されます。

(2)　気を付けるポイント

行使価格とはストックオプションの行使にあたって払込する価額であって，その払込時の株価ではありません。また，年間とは暦年で計算するので，株主総会での割当（付与）決議が12月31日でない限り，8年間の場合は足かけ9年にわたることから，年間1,200万円以内のケースであれば，総額だと最大1億800万円（1,200万円×9年）分となります。

ところでこのケースの場合，割当（付与）時にたとえば行使価格1,000円のストックオプションを11万株（合計1億1,000万円）割当（付与）しても，2,000株（200万円）分は行使できないことになります。年間1,200万円を少しでも超えれば，その年の行使すべてが税制適格とされず給与所得とされてしまいます。

なお，年間の行使限度額は発行要項には記載されないので，別途，割当（付与）者と発行会社で契約を締結する必要があります。

3．行使価格

(1)　税制適格要件

　ストックオプションの割当（付与）日の株価以上とする必要があります。株価は適正な評価方法による評価額（時価（**Q12**参照））とします。

(2)　気を付けるポイント

　新株予約権の発行にあたっては，行使価格またはその算定方法も発行要項に含まれて決議対象となります。行使価格を決議して決議日から割当（付与）するまでの間に株価に影響するような事象（決算期，事業計画に重大な影響を与える取引等）が生じた場合，株価を算定し直す必要が生じますが，決議後なのでもう間に合いません。そこで，株主総会決議日と同日付で権利を割当（付与）することを決定し，契約を締結することが望まれます。

　なお，市場のない非上場株式で譲渡禁止の新株予約権の行使価格が，発行時の株価（適正な時価評価額）と同額以上であれば，その権利（ストックオプション）に本源的価値はないものと考えられているため，ストックオプションを無償で割当（付与）することができます。

　ちなみに，発行時における適正な時価評価額よりも行使価格が低いと，その差額はストックオプションの価値とされてしまい，価値のある権利を無償で割当（付与）されたとして所得税等が課税され，税制適格要件も満たせなくなってしまいます。

4．譲渡禁止

(1)　税制適格要件

　このストックオプションは（譲渡制限ではなく）譲渡禁止です。

　役員，従業員，特定の外部協力者（後記 **8.** 参照）のインセンティブのための課税繰延制度であり，オプションの割当（付与）時の課税はなされていないことから，それ以外の者が利益を得ることを認めていません。

(2) 気を付けるポイント

会社法により定める発行要項では，譲渡制限までしか規定できません。

そこで，譲渡禁止を明確にするため，別途，割当（付与）者と発行会社で契約を締結する必要があります。

なお，この譲渡には，単なる売買だけでなく，質権等一切の担保を設定することもできないとします。

5．決議方法

(1) 税制適格要件

新株予約権は，会社法第238条第1項に反しない決議である必要があります。

(2) 気を付けるポイント

新株予約権はその募集事項[※]につき，株主総会の特別決議が必要です。

なお，前記**3.**によりストックオプションの本源的価値はないものとされますが，それは割当（付与）時における含み益がないということに過ぎず，また，割当（付与）される相手を会社が選抜することになり，ある意味特定の者（取締役を含む）への経済的利益の供与ともとれるとされています。そこで，有利発行とはいえませんが，念のため有利発行としての特別決議もとっておくことが望ましいとされています。

（※）募集事項とは会社法第238条第1項によりますが，取締役（取締役会設置会社においては取締役会）に条件付きで委任することもできます。

 一　募集新株予約権の内容[注]及び数（数の上限は株主総会決議が必要）

 二　募集新株予約権と引換えに金銭の払込みを要しないこととする場合には，その旨（株主総会決議が必要）

 三　前号に規定する場合以外の場合には，募集新株予約権の払込金額（募集新株予約権一個と引換えに払い込む金銭の額をいう。）又はその算定方法（払込金額の下限は株主総会決議が必要）

 四　募集新株予約権の割当日

 五　募集新株予約権と引換えにする金銭の払込みの期日を定めるときは，その期

日

（注）新株予約権の内容とは会社法236条第1項によります。発行要項として決議
します。

　ちなみに，2024年の産業競争力強化法の改正により，会社法の特例を新設し
て，下記三・四号の行使価格・行使期間等につき取締役会へ委任することができ
きる予定です。

一　当該新株予約権の目的である株式の数（種類株式発行会社にあっては，株
　式の種類及び種類ごとの数）又はその数の算定方法

二　当該新株予約権の行使に際して出資される財産の価額又はその算定方法

三　金銭以外の財産を当該新株予約権の行使に際してする出資の目的とすると
　きは，その旨並びに当該財産の内容及び価額

四　当該新株予約権を行使することができる期間

五　当該新株予約権の行使により株式を発行する場合における増加する資本金
　及び資本準備金に関する事項

六　譲渡による当該新株予約権の取得について当該株式会社の承認を要するこ
　ととするときは，その旨

七　当該新株予約権について，当該株式会社が一定の事由が生じたことを条件
　としてこれを取得することができることとするときは，次に掲げる事項

　イ　一定の事由が生じた日に当該株式会社がその新株予約権を取得する旨及
　　びその事由

　ロ　当該株式会社が別に定める日が到来することをもってイの事由とすると
　　きは，その旨

　ハ　イの事由が生じた日にイの新株予約権の一部を取得することとするとき
　　は，その旨及び取得する新株予約権の一部の決定の方法

　ニ　イの新株予約権を取得するのと引換えに当該新株予約権の新株予約権者
　　に対して当該株式会社の株式を交付するときは，当該株式の数（種類株式
　　発行会社にあっては，株式の種類及び種類ごとの数）又はその算定方法

　ホ　イの新株予約権を取得するのと引換えに当該新株予約権の新株予約権者
　　に対して当該株式会社の社債（新株予約権付社債についてのものを除く）
　　を交付するときは，当該社債の種類及び種類ごとの各社債の金額の合計額
　　又はその算定方法

　ヘ　イの新株予約権を取得するのと引換えに当該新株予約権の新株予約権者
　　に対して当該株式会社の他の新株予約権（新株予約権付社債に付されたも

のを除く。）を交付するときは，当該他の新株予約権の内容及び数又はその算定方法

　ト　イの新株予約権を取得するのと引換えに当該新株予約権の新株予約権者に対して当該株式会社の新株予約権付社債を交付するときは，当該新株予約権付社債についてのホに規定する事項及び当該新株予約権付社債に付された新株予約権についてのへに規定する事項

　チ　イの新株予約権を取得するのと引換えに当該新株予約権の新株予約権者に対して当該株式会社の株式等以外の財産を交付するときは，当該財産の内容及び数若しくは額又はこれらの算定方法

八　当該株式会社が次のイからホまでに掲げる行為をする場合において，当該新株予約権の新株予約権者に当該イからホまでに定める株式会社の新株予約権を交付することとするときは，その旨及びその条件

　イ　合併（合併により当該株式会社が消滅する場合に限る。）　合併後存続する株式会社又は合併により設立する株式会社

　ロ　吸収分割　吸収分割をする株式会社がその事業に関して有する権利義務の全部又は一部を承継する株式会社

　ハ　新設分割　新設分割により設立する株式会社

　ニ　株式交換　株式交換をする株式会社の発行済株式の全部を取得する株式会社

　ホ　株式移転　株式移転により設立する株式会社

九　新株予約権を行使した新株予約権者に交付する株式の数に一株に満たない端数がある場合において，これを切り捨てるものとするときは，その旨

十　当該新株予約権（新株予約権付社債に付されたものを除く。）に係る新株予約権証券を発行することとするときは，その旨

十一　前号に規定する場合において，新株予約権者が第二百九十条の規定による請求の全部又は一部をすることができないこととするときは，その旨

6．証券会社等に保管委託等されること（改正）

(1) 税制適格要件

　2024年度税制改正により，証券会社等への保管委託等が不要となり，発行会社による株式の管理等だけで要件を満たすことができます。

　なお，改正前は証券会社等との間で事前に保管委託等する契約（権利者別に

口座開設等され，その口座等において新株予約権の行使により交付をされる株式以外の株式を受け入れないこと等）により，行使後すぐに，会社を通じて，その証券会社等の口座簿に記録，保管委託等される必要がありました。

(2)　改正ポイント

改正前[※]はストックオプション発行時には，主幹事証券会社が未定であったり，上場申請自体が進んでいない時期であったりすることも多く，発行要項等には保管委託先を具体的に記載することができないこともありました。しかし，実際に権利行使をする時点で，すなわち株式の上場のタイミングで保管委託等できれば問題ありませんでした。

一方，これは権利行使しても非上場株式を取得することになる場合は，税制適格ストックオプションとして行使することはできないということになります。そこで改正により上場を目指さない会社であっても税制適格ストックオプションを発行することができるようになりました。

たとえば，会社が上場することをやめて，代わりにM&Aで自社を譲渡することがあります。その時点で株主であれば株式譲渡益を得ることができますが，新株予約権者はまだ株主ではないため，譲渡益を得るためには，権利行使して株式にして譲渡することになります（M&Aされる場合に発行要項や割当（付与）契約により会社が無償で取上げて消却するケースを除きます）。

この場合，上場しないことから，証券会社等の保管委託等の要件が必要であればそれを満たすことができずに税制非適格となり，すなわち行使時点で給与課税されることになってしまいます（行使時の直後に譲渡するため，譲渡時における譲渡益が生じるケースは稀です）。給与課税は総合課税であり，源泉徴収の対象にもなります。

このような場合や，上場を目前にしているものの権利行使期限内に上場が間に合わないので行使せざるを得ない場合や，上場前の潜在株式が10％を大幅に超えてしまっていることから一部の権利者に上場前に権利行使をしてもらいたい場合などにおいて，改正後は発行会社が株式の保管等をするだけで，税制適

格ストックオプションとすることができます。

（※）改正前でも，非上場株式であっても保管委託等を受けている証券会社がありました。このような非上場株式を証券会社等に保管委託等してもらうためには，株券不発行会社であっても株券発行会社に変更して新たに株券を発行する必要がありましたが，契約等に基づき発行会社から証券会社等に対して株式の移動情報が提供され，かつ，発行会社においてその株式の移動を確実に把握できる措置が講じられている場合には，株券を証券会社等に引渡さなくても保管委託等していることが明らかであるとされたことから，株券の発行は不要となりました（国税庁2023年7月最終改訂「ストックオプションに対する課税（Q&A）」参照）。

7．国外転出の報告義務

(1) 税制適格要件

　権利行使日までに国内に住所および居所を有しなくなる場合は，発行会社に報告しなければなりません。

　なお，国外転出時課税（いわゆる出国税）の対象となる有価証券に，税制適格ストックオプションは含まれていないので，割当（付与）者個人については，権利行使前であれば，課税は生じません。

(2) 気を付けるポイント

　権利行使時までに国外転出するのは，たいてい会社が海外転勤させるためであり，そのような場合は報告するまでもありませんが，この要件は発行要項には記載しないので，譲渡禁止等と同様に別途，契約が必要です。

8．外部協力者へのストックオプション

(1) 税制適格要件

　設立10年未満で社外高度人材活用新事業分野開拓計画の認可を受けた会社が，外部協力者として高度人材（弁護士等）を外部協力者として事業に貢献してもらう場合，その外部協力者にも取締役や従業員のように税制適格ストックオプションを割当（付与）することができます[（※）]。

（※）認可にはVC等要件（ハンズオン（**Q12**参照）するベンチャーキャピタル等から出資を受けている等）があります。なお，2024年度税制改正により，最初の出資時における資本金要件（5億円未満）かつ従業員要件（900人以下）は削除されました。

　また，外部協力者は2024年度税制改正により要件が緩和され，対象者も範囲も拡大しました。

- 弁護士等の国家資格，博士号，高度専門職の在留資格がある者
- 上場会社の役員経験が1年以上ある者
- 教授，准教授
- 上場会社の幹部社員経験や，一定の非上場会社で役員や幹部社員の経験が1年以上ある者
- 製品・サービスの開発に2年以上従事して，支出要件（試験研究費40％以上増加・2,500万円以上）等を満たす者
- 製品・サービスの販売活動に2年以上従事して，売上高要件（売上が倍増・20億円以上）等を満たす者
- 資金調達に2年以上従事して，資本金等基準（資本金等が倍増・1,000万円以上）等を満たす者

(2)　気を付けるポイント

　認可取り消しがあった場合や，この外部協力者が国外転出した場合は，税制適格ストックオプションではなくなります。

9．割当（付与）時に大口（非上場1／3超保有）でない

(1)　税制適格要件

　割当（付与）時に大口株主（非上場株式の場合は発行済株式数の3分の1を超える株数を所有する株主）に該当しない者である必要があります。

(2)　気を付けるポイント

　大口株主本人以外の親族等も大口株主(※)とされます。

　オーナー経営者（大株主）の子供が二代目として取締役や従業員になってい

る場合は，対象外となることが明白ですが，親戚の子が従業員に実はいます，ということもありえます。このような場合はあまり社内でも知らされていないことから，うっかり割当（付与）対象者としてしまうことがあります。

　親族とは配偶者・3親等内の姻族・6親等内の血族とされていることから，かなり遠い親戚も対象になります。

　割当（付与）者の選定には，オーナー経営者（大株主）に，大口株主の定義を正確に伝えて，該当者がいないか確認する必要があります。このようなプライベートについて，社内の従業員等はオーナー経営者（大株主）になかなか聞きづらいものなので，ここにも顧問税理士の活躍の機会があります。

（※）大口株主の特別関係者の定義は以下のとおりです。
　　一　大口株主の親族
　　二　大口株主と事実婚にある者及びその者の直系血族
　　三　大口株主の直系血族と事実婚にある者
　　四　大口株主から受ける金銭等によって生計を維持している者及びその者の直系血族
　　五　大口株主の直系血族から受ける金銭等によって生計を維持しているもの

10.　第一次相続人にのみ有効

⑴　税制適格要件

　割当（付与）した取締役や従業員が在籍のまま死亡した場合，所定の手続きを前提に第一次相続人に限り権利を引継ぐことができます。引継げないとする規定でも問題ありません。

　この要件は，発行要項に記載します。

⑵　気を付けるポイント

　第一次相続人が複数で，遺書等がなく，あっても係争となることもあります。そのような場合，長期にわたって新株予約権のまま（潜在株式のまま）となる可能性もあります。

　また，一般的に，相続人は会社にとって何も貢献せずインセンティブは関係

ないことから，権利を引継ぐことができる要項がない（引継がせない）ケースが多くみられます。

　なお，前記**8.**の外部協力者に対するストックオプションは，その人材の働きそのものに対する報酬としての権利の割当（付与）であることから，権利の相続は一切認められませんので，その旨につき譲渡禁止等と同様に，別途，契約を締結しておく必要があります。

11.　支払調書

　税制適格ストックオプションを発行した場合は，発行した日の翌年1月末までに，支払調書と合計表を所轄税務署に提出する必要があります。

　提出すること自体は適格要件ではなく，提出しなくても税制適格要件は満たします。ただし，その後の手続き等に支障が生じかねないので，提出しておいたほうが無難です。なお，他の支払調書と同じ翌年1月が期限ですが，うっかり忘れそうなときは，発行と同時に提出しても問題ないと考えられます。

　なお，税制適格ストックオプションの場合は，行使時の支払調書の提出は不要です（**Q14**参照）。

12.　役員報酬

　役員に対する非上場株式に係る新株予約権（税制適格要件を満たすものに限る）は，割当（付与）時以降の将来にわたる役務提供に対する報酬であり，割当（付与）時には時価＝行使価格のためその新株予約権の価値（本源的価値）がなく，また，将来の一定時期に行使されることから，事前確定届出給与に該当するとされています。

　なお，事前確定届出給与の届出は不要です。

　ちなみに，株主総会等における役員報酬の金額の決議においては，金銭報酬のほかこの報酬が別途生じることを踏まえた内容とすべきと考えられます。

13. 遡っての修正は適格要件を満たさない

　税制適格要件をクリアするためには，各要件を満たせることが発行要項および契約で明確に記載されて，それをもとに割当（付与）する必要があります。

　税制適格要件を満たさない発行要項を決議して，それに基づくストックオプションを割当（付与）した場合，法的にその権利は有効であっても，また，修正決議をすることで修正した発行要項が有効であっても，税制適格要件は満たせません。

　たとえば，発行要項の行使期間の開始日を2年経過した日でなく2年経過する日として権利を割当（付与）してしまったあとで，再度株主総会により2年経過した日と修正決議したとしても，税制適格要件は満たせないことになります。

　また，割当（付与）決議に基づき会社と割当（付与）者の間で契約した内容が税制適格要件を満たさず，割当（付与）後に改めて契約し直したとしても，税制適格要件は満たせません。

　たとえば，権利行使価額が年1,200万円の制限があるケースで，この制限規約のない契約書を交わし，割当（付与）後に年間1,200万円の制限を入れた契約に変更したとしても，税制適格要件は満たせないことになります。

　すなわち，いったん割当（付与）したら，遡って修正しても税制適格要件を満たすことはできないため，その場合はそのストックオプションを放棄または会社が無償で買取消却し，改めて税制適格ストックオプションを発行して，それを割当（付与）するしかありません[※]。

（※）2023年7月の租税特別措置法通達の改正により，税制適格ストックオプションの行使価格（＝発行時の時価）の算定方法が明確になった（**Q12**参照）ことで，本通達改正前に発行されたストックオプションにつき，その行使価格が税制適格を否認されないよう高めに設定していた場合で，本通達改正後に本通達に従った算定方法による価格に行使価格を下げる契約変更および発行要項の行使価格の変更決議・登記をするときは，税制適格ストックオプションとして認められます（国税庁　令和5年7月最終改訂「ストックオプションに関する課税（Q&A）」問10参照）。

【無償ストックオプション】イメージ

税制適格要件を満たす場合

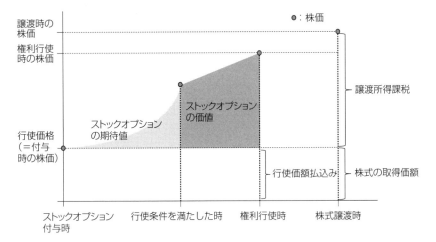

Q16 有償ストックオプション

　顧問先である中小企業のオーナー社長から，上場するにあたって，税制適格ストックオプションの適用要件ではおさまりきれない量のストックオプションを，特定の役員や支援者に割当（付与）したいといわれました。そのようなストックオプションを発行することは可能でしょうか。また，無償ストックオプションとの相違点を教えてください。

　適正な評価額（時価）による有償ストックオプションを割当（付与）することが考えられます。なお，大口株主であることから税制適格要件を満たせないオーナー経営者（大株主）には，（オーナー経営者（大株主）の議決権を新規上場後にもある程度キープするために）有償ストックオプションを割当することも可能です。

解説

1．ストックオプションの時価発行

　ストックオプションをそのストックオプションの価値として適正な評価額（時価）で有償により発行した場合は，そのストックオプションは金融商品（新株予約権は，金融商品取引法上の有価証券）となります。ストックオプションを無償で割当（付与）した場合で，税制適格要件を満たさない状態で権利行使したときは，権利行使した時点で給与課税されますが，時価による有償ストックオプションを権利行使した時点では課税問題は生じず，株式を譲渡した時点で譲渡所得課税されます。

2．ストックオプションの適正な評価額（時価）

　譲渡制限のある非上場株式に係る新株予約権の評価において，権利行使価格が発行時（割当等）の時価（適正な評価額）と同額以上であれば，その権利に

本源的価値はないものと考えられています（**Q15**参照）。

　ただし，これは発行時（割当時）において，含み益がない（行使価格≧株価）ため課税できず，会計上も本源的価値はないため計上しないとされているだけのことです。本来，ストックオプションという権利である以上，金融商品としての期待値もあることから，まったくの無価値であるというわけではありません。

　そこで，この権利の価値について，上場会社の新株予約権の評価方法として用いられている方法に準じて，評価額を算定します。オプションの評価方法としては，ブラックショールズモデル[※1]，二項モデル（格子モデル）[※2]，モンテカルロ・シミュレーション[※3]が一般的に使われています。

（※1）ブラックショールズモデル

　　1973年にブラック氏とショールズ氏がオプション価格を算定するための理論式を発表し，金融工学の走りとなりました。前提を追加・変更することで，さらなる計算式が生み出され，計算方法は複雑ですが，EXCELで計算できるフォーマットがネット上でも公開されています。

　　基本的には，行使価格（行使価格が下がれば権利の価値は上がる），満期までの期間（行使期間が長いほど権利の価値は上がる），評価時点での株価（株価が上がれば権利の価値も上がる），ボラティリティ（株価変動性。変動性が上がる方向にあれば株価も上がるので権利の価値も上がる），配当率（配当が少ないほど権利落ち後の株価下落がおさえられるので権利の価値が下がるのをおさえられる），リスクフリーレート（レートが上がれば割引後行使価格が下がるので権利の価値は上がる）に基づき算定します。

　　ただし，本モデルは，株式の流動性が高く連続性があり値動きに規則性がないことが前提なので，非上場株式の評価においてはこれらについて一定条件を設けるしかなく，結果として非常に高い評価額（株価の3割以上）になるケースが多くみられます。

（※2）二項モデル（格子モデル）

　　ブラックショールズモデルにおけるボラティリティは，一定の確率的分布に基づいて常時連続的に生じる（連続時間型）と仮定しますが，二項モデルにおけるボラティリティは，一定間隔の時点において一定の確率に基づいて生じる（離散時間型）と仮定します。これは，行使期間内のどのタイミングでも行使可能とす

るケースに適した評価方法といわれていますが，非上場会社が新規上場を目指して発行した権利は決められた一定時点（上場時やM＆A時など）で行使されるため，あまり使われません。

（※３）モンテカルロ・シミュレーション

　ベースとなる考え方は，ブラックショールズモデルよりも歴史が古く，第二次世界大戦中に考案されました。ある不確定な事象について起こりうる結果を推定するための方法で，たとえば，複数のサイコロを複数回投げることで起こる確率を計算するもので，多重確率シミュレーションともいわれます。これをオプションの価値評価に使うためには，ブラックショールズモデルの算定要素（行使期間等）のほか，行使条件（目標とする営業利益の達成により行使できる等）等をもとに，乱数等を使うなどして可能性を複数算定（たとえばシミュレーションを10万回行う等）してその近似値をとります。

　行使条件が厳しいほど権利の評価額は下がり，株価の１％程度まで下げることも可能です。ただし，行使条件が厳しすぎたこと（たとえば，目標とする営業利益のハードルが非常に高いなど）で行使できなくなってしまえば元も子もありません。ちなみに，不確定要素の判断等は評価者の考え方にもよるため，知見と経験のある専門家に依頼して評価してもらうことをお勧めします。

３．無償ストックオプションとの違い

(1)　割当時（付与時）

・無償ストックオプション

　ストックオプションの割当時（付与時）に，権利の取得に必要な金銭等の払込みが不要（無償）であり，権利行使しなくても損失はありません。

・有償ストックオプション

　ストックオプションの割当時（取得時）に，権利の取得に必要な金銭等の払込みが必要（有償）です。行使条件が満たされない等により権利行使できなければ，この権利の取得のために払込みした額（取得価額）が損失となります。ちなみに，ストックオプションの評価額の算定のために，専門家への報酬が必要になりす。

⑵　権利行使時

・無償ストックオプション

　税制適格要件を満たさない場合，権利行使時に給与所得（割当（付与）理由によっては退職所得，事業所得等）として課税されます。

・有償ストックオプション

　権利行使時に何ら課税されません。

⑶　権利行使により取得した株式の譲渡時

・無償ストックオプション

　税制適格要件を満たす場合は，譲渡価格から行使価格を控除した譲渡益に対して，税制適格要件を満たさない場合は，譲渡価格から行使価格および給与等とされた額を控除した譲渡益に対して，譲渡所得課税されます[※]。

・有償ストックオプション

　譲渡価格から行使価格およびストックオプションの取得価額（有償分）を控除した譲渡益に対して，譲渡所得課税されます。

　[※] 税率につき，給与課税より株式の譲渡所得課税の方が通常は低いので，税制適格ストックオプションになるように設計して従業員等に割当（付与）しますが，仮に将来，株式の譲渡所得課税の税率が上がった場合，課税のタイミング等の問題（行使時に課税されると譲渡代金がないため納税資金を別途捻出する必要があり，給与の場合は源泉徴収されるためその月の手取り額が減少・マイナスになる等）はありますが，給与課税の方が低くなることもあり得るかもしれません。

⑷　国外転出時課税（いわゆる出国税）

・無償ストックオプション

　出国税の対象外となります[※]。なお，税制適格ストックオプションの適用を受ける場合は，権利行使日までに国内に住所および居所を有しなくなることを，発行会社に報告しなければなりません（**Q15**参照）。

　[※] 会社法第238条2項に基づき発行された新株予約権となります。

・有償ストックオプション

　出国税の対象となるため，原則として申告納税が必要となります。この場合，国外転出時の時価までの含み益が対象となるため，上場直前の場合，納税額が多額になることが想定されます。なお，資産管理会社（**Q23**参照）の株式も対象となるため，有償ストックオプションを取得した資産管理会社の株主も納税額が多額になります。

　海外転勤や留学等による一時的な出国であれば，納税猶予の特例の適用を受けるための手続きを，国外転出時までに忘れず行う必要があります。

【無償ストックオプション】イメージ

税制適格要件を満たさない場合

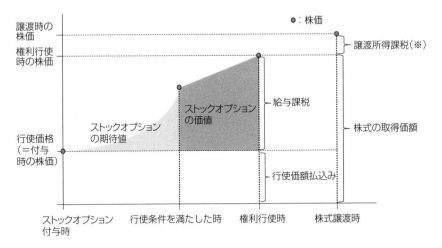

（※）権利行使直後に売却した場合は，権利行使時の株価＝譲渡時の株価となるため，
　　　譲渡所得課税は生じない。

【有償ストックオプション】イメージ

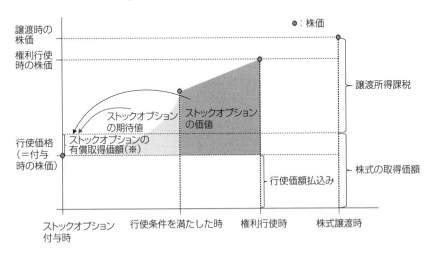

（※）ストックオプションの発行価格（＝割当時の権利の適正な評価額）

コラム

信託型の有償ストックオプション

1．目的

　税制適格ストックオプションは，譲渡を禁止されていることから，ストックオプション発行時に在籍等している取締役・従業員等にしか，割当（付与）することができません。

　上場準備中なので，最初にストックオプションを発行した後も，上場に貢献する人材が次々入社することが想定されますが，通常，上場に近くなるほど株価が高くなるため（**Q12**参照），後から発行するストックオプションの行使価格も高くなっていきます。

　そうなると，割当（付与）された者の間で不公平感（単に早く入社していただけで業績への貢献度は後から入社した者の方が高いにもかかわらず行使価格が低い等）が生じます。

　そこで，その解消プランとして，2016年頃から，有償ストックオプションの信託プランを提案する専門家が出てきました。これは，有償ストックオプションを信託することで，その有償ストックオプションの発行時に在籍していない者にもその有償ストックオプションを割当（付与）することができるとするスキームです。

2．スキーム

　具体的には，まず，オーナー経営者（大株主）等が委託者となって，受益者が特定されていない信託（法人課税信託）として受託者（信託会社や税理士等の個人）に対し金銭を信託（贈与）します。

　次に，会社が有償ストックオプションを発行し，受託者がその信託された金銭（法人課税信託による法人税等を納税した残額）によって有償ストックオプションを購入します。

　これにより，有償ストックオプションを持つ法人課税信託ができあがります。

　その後，会社が判断する一定の人事評価等（委託者であるオーナー経営者等の恣意的意志が入らない）により，受益者を決定し，その受益者に有償ストックオプションを無償で割当（付与）し，受益者はストックオプションを行使することで，譲渡価格から行使価格を控除した譲渡益を得ます。

3．税務リスク

　この受益者が得た譲渡益につき，もともとは金融商品としての有償ストックオプションであることや，法人課税信託としての課税を受けていることから，本スキームの考案者は，譲渡所得課税されると解釈して，多数の上場準備会社に提

案・導入していました。受益者の選択には委託者の恣意性が反映されないため，贈与税の課税もないと考えていたようです。

　しかし，税務上はその実態からみて，（**Q14**のようなケースもあるため）実質的には給与であり，行使時に給与課税されるとして，2023年7月に国税庁から正式にQ&Aが公表されました。

　これにより，信託を解消して新たに税制適格ストックオプションを発行することにした上場準備会社もありますが，既に権利行使しているケースでは，給与とされたことから源泉所得税を追加納付することになった上場会社もあります。

　また，給与課税されたとしても上記1．のメリットはあると考え，引き続き本スキームを継続している会社もあります。

　ちなみに，本スキームの代替案として株式譲渡予約権等を使った信託スキーム等があります。本スキームが実質的に給与であるとして課税されたことから，顧問税理士としては，条文上だけでなく，実質課税の原則に立ち戻って，これらの代替スキームについても税務リスクの有無等を検証すべきと考えられます。

ストックオプションの
会計処理と法人税別表調整

　ストックオプションは，無償で割当（付与）されたとしても，割当（付与）された理由が取締役等であり，その活動等のためであることから，本質的には報酬・給与であると認識されています。

　上場企業が無償ストックオプションを発行した場合は，たとえ上場したばかりであっても，無償ストックオプションの評価額を算定（**Q16**参照）し，株式報酬費用として計上することになります。

　譲渡制限のある非上場企業の場合は，行使価格が発行時の株価以上の価格であれば，その本源的価値はないもの（**Q15**参照）と考えられますので，株式報酬費用は発生しないこととなります。

１．上場企業の無償ストックオプション

⑴　発行時から行使直前まで

①　会計処理　| 株式報酬費用(※)　×× / 新株予約権×× |

②　法人税別表調整　株式報酬費用は加算留保，資本金等には上記新株予約権を計上しない。

（※）ストックオプションの割当（付与）数（ただし失効見込み数を控除）にその評価額を乗じ，役務提供期間（割当（付与）日から行使可能となる権利確定日まで）で期間按分して算定します。なお，ストックオプションの時価評価額は発行時の価値のままとし，その後評価額が増減したとしても，修正しません。

⑵　行使時

①　会計処理

| 新株予約権××× / 資本金××× |
| 現金預金××× / 資本準備金××× |

②　法人税別表調整

ア．税制非適格ストックオプション

　株式報酬費用を減算留保，資本金等は会計上の増加した資本金・資本準備金を追加計上。

イ．税制適格ストックオプション

　株式報酬費用を減算留保，さらに（給与課税がないことから損金計上できないため）同額を加算流出，資本金等は会計上の増加した資本金・資本準備金を追加計上。

⑶　権利失効時

①　会計処理　| 新株予約権×× / 新株予約権戻入益×× |

②　法人税別表調整　失効した株式報酬費用（新株予約権戻入益）を減算留保

２．非上場企業の無償ストックオプション（税制適格ストックオプション）

(1) 発行時

　会計処理・法人税別表調整　なし

(2) 行使時

① 会計処理

現金預金×××　／	資本金×××
	資本準備金×××

② 法人税別表調整　なし^{（※）}

　資本金等は会計上の増加した資本金・資本準備金を追加計上。

（※）ストックオプションの時価評価額は発行時の価値のまま（前記1(1)（※）参照）なので，非上場時代に発行したストックオプションを上場後に行使したとしても，株式報酬費用は発生しません。

(3) 権利失効時

　会計処理・法人税別表調整　なし

３．時価で発行した有償ストックオプション

(1) 発行時

① 会計処理　| 現金預金×× ／ 新株予約権×× |

② 法人税別表調整　なし

(2) 行使時

① 会計処理

新株予約権×××　／	資本金×××
現金預金×××	資本準備金×××

② 法人税別表調整　なし

　資本金等は会計上の増加した資本金・資本準備金を追加計上。

(3) 権利失効時

① 会計処理　| 新株予約権×× ／ 新株予約権戻入益×× |

② 法人税別表調整　なし

Q17　ストックオプションと従業員持株会

顧問先である上場準備中の中小企業のオーナー社長から，ストックオプションと従業員持株会の相違点やメリット・デメリットを聞かれました。目的や運用等の面から比較して教えてください。

A ストックオプションはインセンティブを目的とし，従業員持株会は従業員の福利厚生を目的とします。ストックオプションは発行会社の意志で割当（付与）し，従業員持株会は従業員の意志で投資・運用します。

解説

1. 目的

⑴　ストックオプション

　新規上場するにあたって，従業員には業績目標の達成や社内管理体制（内部統制）の運用協力等が必要になることから，従業員のやる気を引き出す必要があります。そのためには，上場のメリットを会社と共有してもらうために，株価に連動したストックオプションを割当（付与）することが効果的です。なお，これは，上場後においても同じことであり，上場会社もストックオプションを発行し従業員等に割当（付与）することで，業績等のアップによる株価への反映を共に享受しようとします。

　なお，新規上場した暁には，従業員への特別賞与を支給するケースもあります。ただし，この場合は，会社の業績にとってマイナス（賞与は経費）になり，会社のキャッシュを減少させることになります。一方，ストックオプションであれば，会社の経費ではなく，会社のキャッシュも不要です。すなわち，市場が評価した株価により市場から賞与を支給してもらうような感覚です。

　ちなみに，上場予定のない会社については，株式の譲渡先が制限され，または譲渡できない可能性もあることから，一般的に発行する意味はないと考えら

れます^(※)。

> （※）例外的に事業承継等のスキームにおいて利用することは稀ですがありえます。たとえば，後継者に対して有償ストックオプションを割当（付与）するなどのケースです。また，M&Aを想定して，その際には現株主（オーナー）だけでなく他の役員や従業員にもその利益を供与してもらおうと，ストックオプションを発行することもあります。

(2)　従業員持株会

　従業員持株会は，持株会に参加する従業員の投資・資産運用による資産形成を目的とします。従業員持株会は，当初は会社が音頭をとって組成するとしても，会社とは別組織です。従業員は，自分の資金（拠出金）で会社の株式を購入し，配当や譲渡益を得る（運用する）ことになります。ストックオプションは会社の意志により従業員に割当（付与）しますが，従業員持株会は従業員の意志により参加するかしないか（拠出するかしないか）が大きな違いです。

2．運用等

(1)　ストックオプション

　通常はその目的等から税制適格ストックオプションとして無償で会社から割当（付与）されます。発行会社の株主総会で発行を決議し，取締役会設置会社の場合は，取締役会で具体的な割当（付与）者と割当数を決めることになります。誰に何株分割当（付与）するかは，発行会社の経営陣の決めた基準や独自の選択方法によります。無償で割当（付与）する反面，会社にとって正当な事由（退職，会社の吸収合併等）があれば，割当（付与）した権利は無償で取り上げることができます。

(2)　従業員持株会

　組成にあたっては，会社とは別組織になるため，通常は民法上の組合として組成し，運営には理事長，理事，事務局等が必要になります。従業員は拠出金を基本的には毎月給与から天引きしてもらって，その積立した拠出金をもって

株式をその時の時価で取得します。組成時や臨時でまとめて拠出することもあります。非上場会社の場合は，毎月天引きでなく，会社の増資時に合わせて拠出を呼びかけることもあります。

　また，会社がその助成として奨励金を出すことが認められており，奨励金の額が多ければ従業員持株会への参加者も増える傾向となります。奨励金は拠出額の３％〜10％程度が多くみられますが，上場後の従業員持株会の持株シェアを高めたい場合は更なる付与がなされることがあります。ちなみに奨励金は給与課税対象です。

3．出口（売却）

(1) ストックオプション

　割当（付与）されるときは無償であっても，権利行使時には行使価格の払込みが必要です。なお，一般的には，行使価格はストックオプションの発行時の時価であるため，払込時の株価より低い価額で取得できることになります。新規上場の場合は上場日までに権利行使して，株式取得後は保有して配当を受け取るのもよいし，譲渡して譲渡益を得るのも本人の自由（ただし，インサイダー規制への対応が必要）です。

(2) 従業員持株会

　非上場会社でも従業員持株会を組成しているケースは多くありますが，上場会社との違いは，拠出金・配当等を原資として取得した株式を，市場で売却することができないため，通常は脱退時に従業員持株会自身に買い取してもらうこととなり，その買取価額も，従業員持株会の規約に従って決定されます。

　上場会社の場合は，まとまった株式数になれば（１単元100株），従業員持株会から引き出しして自身の意志により市場価格で売却することができます（ただし，インサイダー規制への対応が必要）。したがって，非上場会社より上場会社の従業員持株会のほうが，一般的には配当や譲渡益をより得やすくなるため，資産形成に寄与することができます。ちなみに株価が暴落しているときは，

譲渡益は期待できませんが，将来への投資として規約上可能な範囲で拠出金を増やして株式を買い増しすることも考えられます。

4．議決権

(1)　ストックオプション

　株式を取得する権利であり，まだ株式は取得していないことから，当然，議決権はありません。新規上場するまでの株主総会の運営上，従業員が議決権行使することを避けたい場合や，財務情報をまだ従業員に知られたくない場合等は，実株を持たれるよりも有効です。

(2)　**従業員持株会**

　非上場会社でも上場会社でも，実株を所有しているので，端数株（1株未満の端株。単元株制度の場合は1単元未満）でない限り，議決権を行使することができます[※]。理事長に一任することも多くありますが，不統一行使（**Q19**参照）とすることになるため，必ずしも会社の意図した判断に従うわけではありません。

　なお，上場準備中には拠出金の積立等だけにしておいて，新規上場時に親引け（**Q18**参照）により一度に株式取得する場合は，非上場時代には株式を持てないため上場まで議決権は行使できないことになります。

　（※）従業員持株会向けに無議決権株を発行することも可能ですが，上場申請時には普通株に転換することになります（**Q11**参照）。

Q18　従業員持株会

　顧問先である中小企業のオーナー社長から，会社を上場するにあたり，従業員持株会を作りたいので協力してもらいたいといわれました。そこで，上場準備中における従業員持株会のポイントや，株式取得方法を教えてください。

A　上場にあたって不公平感が起きないように，従業員持株会を組成することについて，従業員に丁寧な説明をすることが望まれます。
　参加者（会員）を増やすためには会社が奨励金を出すことも可能です。従業員持株会が株式を取得するには，会社が増資する時（上場準備中の一定時期や新規上場時（親引け））が一般的ですが，オーナー経営者（大株主）が配当還元価額で譲渡することもあります。

解説‥‥‥

1．従業員への説明の必要性

　株式投資について，従業員の中には，その知識や実績について秀でている人もいれば，まったく興味がない人，さらに株式投資は怖いのでやりたくないと思っている人など，さまざまです。

　ところで，非上場会社が新規上場した場合，流動性のない株式から，市場性があり換金できる株式になることで，通常，株価は高くなり，資金化もできます。非上場会社時代に従業員持株会に参加して，その後会社が上場すれば，その過渡期に参加した従業員は，投資に見合う利益をほぼ確実に得ることができます。しかし，その過渡期に在籍していても従業員持株会に参加していなければ，後から遡って参加することは不可能であるため，参加した従業員の利益をうらやましく思ってもどうすることもできません。同じ立場であった従業員同士であっても，上場を境に，従業員持株会への参加不参加で利益を得たか得ら

れなかったかの違いが，不協和音を生むことがあります。

　そこで，会社としては，従業員持株会に参加することのメリット，上場できなかったとしても一定のメリット（配当金等）があることを，丁寧に説明し，適正に理解してもらう機会を多く設けることが必要となります。

2．参加者数の拡大方法とメリット

(1)　奨励金

　非上場会社時代に従業員持株会への参加者が多ければ多いほど，前記1．の不協和音が生じにくくなります。そこで，持株会への参加者（会員）を増やすために，会社が奨励金を出すことが可能です。奨励金とは，会員の拠出金に対しそのつど数％の金額を会社が付けてあげるものであり，給与課税の対象とはなりますが，低金利時代には良い利回りとなります。また，仮に株価が下落した場合の損失をカバーする役割もあります。奨励金の率[※]としては，会社の福利厚生として妥当な範囲とし，一般的には3％〜10％程度です（上場会社ですが100％という会社もあります）。

　（※）　奨励金の率が高すぎると，以前は株主平等原則に反するのではないかとの意見
　　　もありましたが，株主として与えているのではなく従業員としての会員に与える
　　　ものであるとして，福利厚生の一環であるから株主平等原則には反しないとされ
　　　ています。ただし，持株会会員の議決権行使にあたって各会員自らの意志が保障
　　　されていなければ，株主への利益供与の可能性が生じます。

(2)　安定株主化

　従業員持株会の会員は，上場後は，毎月定額を給与から天引きし，配当・奨励金と合わせて株式の取得に充てることとなります。また，上場後は日本版ESOP[※]の導入等も考えられます。

　これにより，会員となった従業員の資産形成に寄与するだけでなく，譲渡による一定数の減少（**Q17**参照）があったとしても，給与天引きによる株式の取得が継続していることから，安定株主としての役割が期待できます。

（※）その会社（委託者）が信託銀行等（受託者）に信託を設定し，受託者が金融機
関から資金を借入（委託者が債務保証）して市場からまとめて株式を取得し，持
株会（信託管理人（受益者は持株会会員））が毎月一定数を購入します。持株会
がそのつど市場から購入する場合に比べて上下する株価の影響を受けにくいこと
から，安定して購入することができます。なお，受託者は持株会に株式を譲渡し
た額で，金融機関に借入金を返済します。

3. 株式の取得

(1) 上場前の第三者割当増資

　上場準備中の過程において，従業員持株会の拠出金（毎月天引きされる拠出
金が少ない場合は臨時拠出金も含む）が一定額蓄積された時に，第三者割当増
資を実行します。この場合の株価は適正な時価（**Q12**参照）によることとし
ます。

　なお，N−1期（上場申請直前年度の末日の1年前の翌日）以降に第三者割
当増資をした場合は，増資による新株取得日から上場後6カ月間（取得日から
1年未満の場合は1年間）は，その取得した株式につき，短期で利得を得る行
為の防止のため，譲渡することができません（上場基準におけるロックアップ
対象となります）。それを確約するための書面を増資した会社と交わし，上場
申請書類に添付することが必要になります。

(2) 親引け

　従業員持株会の組成から上場までの間において，拠出金があまり集まらない
こと等により増資を行わない場合は，上場時に一括して株式を取得することが
あります。すなわち，新規上場時の公募増資・売出において，優先的に従業員
持株会に売渡します。いわゆる「親引け」^{（※）}です。

　親引けは，本来，投資家への公平・公正な配分を阻害することから，主幹事
証券会社が適切な配分に影響しないと判断しない限り，禁止されています。

　ただし，従業員持株会に対する親引けは，過去の規制等を参考として一般的
に，上場後180日間は所有することを条件に，公募増資に係る株式数のおおむ

ね10%以内であれば公平・公正な配分を阻害しないと判断され，認められる傾向にあります。

（※）証券会社がその株式を発行する会社からの依頼等により，特定の者に対して優先して公募増資・売出による株式を譲渡することをいいます。

(3)　大株主からの低額譲渡

①　配当還元価額

従業員持株会は組成したものの，すでに株価（評価額）が高く，または株価に見合う拠出金が集まらない場合等で，従業員持株会があまり株式を取得できない状況にあることもあります。その場合，オーナー経営者（大株主）が従業員持株会に対し，低めの価額で譲渡することもできます（**Q12**参照）。すなわち，少数株主が取得する株式の評価額は，財産評価基本通達によるいわゆる原則的評価（時価純資産・類似業種比準価額）と特例的評価（配当還元価額）のうち一番低い価額で評価することになり，一般的には配当還元価額が一番低いため，配当還元価額で売買できることになります。

ただし，従業員持株会に譲渡するのが（種類株式ではなく）普通株式であっても，普通株式に対し経常的に高額配当している場合や，1株当たりの資本金等が非常に高い場合等は，配当還元価額が高く評価されてしまい，そのような場合は低めの価額での譲渡が困難なこともあります。

②　情報開示

N－2期（上場申請日の直前年度末日の2年前の翌日）以降から上場前日までの株式の移動については，取得者名・株数・売買価格・取得者と会社の関係等につき，上場申請書類（有価証券届出書等）により開示する必要があります。売買価格については，算定根拠・算定方法を問われることがありますので，株価算定書を作成しておくのが良いでしょう。

配当還元価額であれば，財産評価基本通達に基づく評価額であることから，顧問税理士が作成しても問題ありません。ただし，大株主から持株会への譲渡なので，株価算定書の宛先および評価に係る報酬請求先は，本来，会社とする

ことはできないと考えられます。

4．株式取得に係る手続き・取得額

⑴　第三者割当増資

　会社法に則り，取締役会で臨時株主総会を招集し，臨時株主総会で第三者割当増資を決議します。従業員持株会は，そのスケジュールに合わせて，持株会で第三者割当増資を引き受けることを決議します。

⑵　大株主からの取得

　上場申請前までは，株式の譲渡制限を規定している（**Q14**参照）ため，定款の規定に基づく手続き（株主総会や取締役会の承認）が必要になります。ここでは，株式の種類，株式数，譲渡者，譲受者等についての承認が必要ですが，株価については承認不要です。

⑶　取得額

　従業員持株会の拠出金総額ぎりぎりで増資・売買決議してしまうと，たとえば，増資・売買までの間に退職等で退会者が出た場合，払戻しが生じることになり，この場合増資・売買額が不足することにもなりかねないため，余裕を持った増資・売買額とすることをお勧めいたします。

日本版ESOP

　従業員に株式を持たせる方法としては，**Q18**の持株会方式のほか，日本版ESOPである株式給付信託があります。これは，会社（委託者）が金銭を拠出して信託銀行等（受託者）に信託し，ポイント等に応じて従業員（受益者）に給付するものです。受益者は労働の対価・評価として株式の給付を受けることとなり，自身の資金拠出は不要です。

　従業員持株会やストックオプションは会社の資金負担が無い反面，株価が上がらなければ効果がありませんが，株式給付信託は株価に関係なく会社の株式が割当（付与）される（フルバリュー）ことから，会社が資金拠出するものの，インセンティブとして有効と考えられます。

　なお，会計・法人税上は，会社と信託は一体とみなされて処理されます。

　会社側は，（ポイントに応じた株式を交付するために）信託が市場から取得した時点で自己株を取得したものとされます。

　会計上は，ポイントが確定した各期で引当計上（株式報酬費用/引当金）し，自己株式交付時に引当額を取崩します（引当金/自己株式）。株式を取得してから交付までの期間に株価が変動すれば自己株式処分差益が生じます。

　法人税上は，自己株取得時では取得価額を資本金等の払戻しとし（上場株式は市場取引であればみなし配当なし），株式を交付した時点の株価×株式数が損金[※]および資本金等の増額とされます。

　株式を交付された側は，交付された時点の株価×株式数が給与所得または退職所得（源泉徴収税の対象）となります。

（※）役員に対する給与・退職金については，事前確定届出給与や業績連動給与に留意する必要があります。

Q19 従業員持株会の法的形態・規約

上場にあたって，従業員持株会の規約に証券会社方式というものがある
と聞きました。そもそも，従業員持株会にはどのような方式があるかその
違いも含めて教えてください。また，設立や運営のポイントを教えてくだ
さい。ちなみに，上場前と上場後で改定等は必要でしょうか。

A 従業員持株会の法的な種類として，民法上の組合，信託銀行への信託，
人格のない社団等があります。ただし，上場にあたっては，従業員持株
会を一人の株主としてカウントできるように，民法上の組合として，か
つ，証券会社方式による組成が必要です。
上場直前には従業員持株会規約につきインサイダー条項等を付す必要が
あります。

解説

1．民法上の組合

(1) 証券会社方式（理事長への管理信託）

従業員持株会は，資金を拠出して（従業員持株会を通して）株式を取得する
こととなる人数が何名，何十名，何百名であっても，1名の株主としてカウン
トされる必要があります。これらの人数を株主数としてカウントされてしまう
と，場合によっては募集したものとして有価証券届出書等を提出しなければな
らない可能性が生じるためです（**Q10**参照）。

そこで，1名の株主として株主名簿に登録するためには，従業員持株会の代
表者である理事長に対し，全員が株式を管理信託する必要があります。すなわ
ち，株主名簿には従業員持株会（または代表者である理事長）の名義で登録さ
れ，議決権の行使は従業員持株会の代表者（理事長）が行使することとされ
（後記(1)参照），配当金は従業員持株会（の代表者である理事長）が一括して受

領して再投資にまわさなければなりません。そのためには，民法上の組合（後記(3)参照）として設立し，いわゆる証券会社方式（後記 **4.** 参照）の規約を用いることとします。

⑵　議決権の行使

　議決権は理事長が行使しますが，株式は会員（組合員・参加者）の共有財産であり，各会員がそれぞれ持分に係る権利を所有しています。そこで，理事長が一括行使するとしても，各会員がその持分に相当する議決権について理事長に対し特別の指示を与える（不統一行使）ことを可能とします。

⑶　民法第667条

　民法上の組合は民法第667条に基づき設立します。持株会参加者全員を組合員とする全員組合員方式（間接投資型）と，数名が組合員となって組合を組成し，それ以外の従業員は参加者となる少数組合員方式（直接投資型）がありますが，管理運営方式の違いであり，株式を取得する資金の拠出者はすべて会員としての地位を有することとなります。

⑷　配当への課税

　パススルー課税なので，各会員の配当所得となります。

２．信託銀行方式

　信託銀行方式とは，会員が信託銀行に対し株式の取得と管理を信託する方法です。非上場会社においては管理コストが高いため，通常はこの方式は選択しません。

　なお，配当は，受益者に帰属するため配当所得となります。

３．人格のない社団等

　任意団体（人格のない社団等）とすると，会員からの拠出金は従業員持株会

への出資金となり，取得した株式は従業員持株会に帰属することから，その株式に係る配当金も従業員持株会に帰属することとなります。

なお，配当は，従業員持株会が納税義務の主体者となることから，会員が受け取るのは人格のない社団等からの収益の分配となってしまうため，雑所得となります。

4．規約のポイント

証券会社方式の規約に関しては，「持株制度に関するガイドライン」（日本証券業協会）を基に作成します。

上場直前には，インサイダー取引を考慮した入会条件・口数変更・取得方法，売買単位株（単元株）の持ち出し・譲渡，退会時の取扱い等につき，改正する必要があります。改正手続きの簡素化のため，上場後に適用される規約を本文とし，附則において，上場後の取扱いと異なる非上場時代の規約を定めると共に，上場を条件として不適用とすることで対応することも可能です。

5．設立手続きのポイント

(1) 規約等の策定

民法上の組合として組成するにあたって，証券会社方式の規約により策定します。

また，会社に従業員持株会の事務作業を委託する契約も必要となります。

拠出金を給与天引きすることから，賃金控除に関する協定書も必要となります。

配当金の管理信託に関する支払調書（後記 **6．**(3)参照）の作成も必要なことからマイナンバーに関する個人情報の取り決めも必要です。

(2) 取締役会の決議（会社側）

奨励金の決定をします。

⑶　**事務局，理事，理事長，監事**

　従業員の中から選任します。通常は，総務部といった管理系のスタッフに就任してもらいます。

⑷　**発起人会の開催・銀行口座開設・給与システム更新**

　理事等の候補者を発起人とし，発起人会を開催（規約の決定，理事等の選任等）し，給与天引きによる拠出金を移動するための従業員持株会の銀行口座（理事長名義）を開設し，天引きに関する給与システムを見直しします。前記⑴の契約等も締結等します。

6．運営のポイント

⑴　**入会届・会員資格**

　必要情報（口数，賞与時口数等）を記載した入会届を会員から提出してもらいます。

　会員資格は，その会社の従業員およびその会社の子会社（会社法第2条第3号）の従業員とします。取締役等についてはインサイダーや税務上の取扱いが異なることから，役員持株会として別途組成します。なお，取締役・執行役を兼任していない（法的には従業員である）執行役員については，従業員持株会の会員とすることもできます。臨時従業員（パートやアルバイト）については，雇用形態が正社員と同等であれば，会員とすることもできます。

⑵　**会員別拠出金・奨励金・持分**

　各会員の個人別の残高管理を台帳等で管理します。

⑶　**株式・配当**

　増資等により取得した株式を，各会員の持分に応じて配分し，配当があれば株式の持分に応じて配分します。また，管理信託の受託者である理事長が，「信託の計算書」・「信託の計算書合計表」（支払調書）を翌年1月末までに所轄

税務署に提出します。

⑷　決　算

　従業員持株会の決算を1年に1回（規約により2回以上も可）実施し，各会員の個人別明細計算書を作成して会員に通知します。

　なお，上場後は株式の管理が煩雑となることから，従業員持株会の組成・運営等について，コストはかかりますが，株式事務代行機関（株主名簿管理人）となる信託銀行等に依頼することが一般的です。

持株制度に関するガイドライン（日本証券業協会）抜粋

Ⅱ　税務上の取扱い（参考）
1．奨励金
　奨励金は，会員の給与として課税される。この場合，毎月支給される奨励金であれば，毎月の給与に加算して源泉徴収を行い，年1回支給する奨励金であれば，賞与として源泉徴収を行うものとする。
2．配当金
　配当金は，株式の名義人である理事長あてに一括して支払われるが，実質的には各会員の有する株式の持分に応じて各会員に支払われるものなので，各会員個人に対する配当所得として課税される。また，持株会会員分の配当金についても自己名義分の配当金と合算の上，配当控除の制度を利用できる。
⑴　株式の配当金の受領者の告知及び本人確認
①　理事長は，当該株式の配当金の支払確定日（支払開始日）までに，その都度，会員から氏名，住所及び個人番号（会員が法人の場合には，名称，所在地及び法人番号。以下同じ。）の告知を受けるとともに，本人確認書類等の提示を受け，当該本人確認書類等により本人確認を行う。
②　会員が株式を購入する際，理事長に氏名，住所及び個人番号の告知を行うとともに，理事長により本人確認が行われた場合には，①の都度の告知は不要となる。
⑵　「信託の計算書」又は「名義人受領の配当所得の調書」の作成及び提出
　理事長は，次に掲げる場合に応じて，株式の配当金を受ける会員について，「信託の計算書」又は「名義人受領の配当所得の調書」を作成し，所轄税務署に提出する。
①　信託の事実（例えば，理事長と会員の間で信託契約を書面若しくは電磁的方

法により締結している又は持株会の規約等において会員の持分を理事長に信託
する旨が記載されていることをいう。以下同じ。）が確認できる場合には，理
事長は株式の配当金を受ける会員について，「信託の計算書」を作成し，所轄
税務署に提出する。
②　信託の事実が確認できない場合には，理事長は株式の配当金を受ける会員に
ついて，「名義人受領の配当所得の調書」を作成し，所轄税務署に提出する。
(3)　「上場株式配当等の支払に関する通知書」の作成及び交付
　理事長は，株式の配当金の支払確定日（支払開始日）から45日以内（その年中
に支払った配当等の額の合計額で作成する場合には，支払確定日（支払開始日）
の属する年の翌年2月15日まで）に，会員に対し「上場株式配当等の支払に関す
る通知書」（当該会員の個人番号は記載しない。）の交付を行う。
3．譲渡益
　株式の譲渡益については，申告分離課税が適用される。なお，会員が持株会か
ら株式を引き出した場合には，課税関係は生じないこととなる。
(1)　株式の譲渡の対価の受領者の告知及び本人確認
　株式の譲渡の対価の受領者の告知については，理事長が，当該株式の譲渡の対
価の支払を受けるべき時までに，会員から氏名，住所及び個人番号の告知を受け
るとともに，本人確認書類等の提示を受け，当該本人確認書類等により本人確認
を行う。
(2)　「株式等の譲渡の対価の支払調書」の作成及び提出
①　「株式等の譲渡の対価の支払調書」は，取扱金融商品取引業者が作成し，当
該金融商品取引業者の所轄税務署に提出するものとする。
②　「株式等の譲渡の対価の支払調書」における「支払又は交付を受ける者」の
欄には，次の要領で記載する。
「氏名又は名称」：持株会名称（理事長の氏名を含む）
「住所（居所）又は所在地」：活動実態のある所在地
「個人番号又は法人番号」：理事長の個人番号
(3)　「名義人受領の株式等の譲渡の対価の調書」の作成及び提出
①　名義人である理事長が「名義人受領の株式等の譲渡の対価の調書」を作成し，
会員が株式の対価の支払を受けた日の属する年の翌年1月31日まで（同一の者
に対する一回の支払ごと作成する場合には，その支払を受けた日の属する月の
翌月末日まで）に，所轄税務署に提出する。
②　支払調書合計表は持株会分を別途作成し，支払調書に添付して提出する。
4．その他
　理事長は，取扱金融商品取引業者に取引口座の開設を行う場合には，当該取扱
金融商品取引業者に対し，自らの氏名，住所及び個人番号の告知を行うとともに，
本人確認書類の提示を行う必要がある。

以　上
（注）令4.6.15　一部変更

Q20 ベンチャーキャピタルからの出資

　顧問先であるスタートアップ企業のオーナー社長から，上場に向けて利益を出す必要があるので，事業拡大に必要な資金を得たいといわれました。ただ，必要資金が多額なので，銀行融資では担保が準備できず，なかなかとおりそうもありません。そこで，ベンチャーキャピタル数社に話をしたところ，興味を持ってくれそうな感触を得たとのことです。

　ところで，ベンチャーキャピタルと一口にいっても，いろいろなキャピタルがあるとのことなので，それらの特徴や投資方法を教えてください。また，ベンチャーキャピタルに正式にプレゼンするにあたって，事前にこちら側の希望する発行条件を検討しておきたいのですが，気を付けるポイントを教えてください。

A　ベンチャーキャピタルには，独立系といわれるものや，CVCなどがあります。

　ベンチャーキャピタルからの投資は，普通株式ではなく種類株式による方法が多く，さらに，経営の自由度に一定の制限を設けられることが一般的です。また，想定期間内に上場できなかった場合の出口戦略によっては，会社を手放さざるを得ないケースもあります。一方，会社に不足しているリソースへの対応や効果的な助言を得ることもあります。

解説

1. 種類

　ベンチャーキャピタルは，独立系のほか，政府系，金融機関系，CVC等があります。経営への介入・出資額の大小・出資のタイミング等により，一長一短があるため，いずれのケースもファンドの特徴を理解した上で投資を受けるか判断することとなります。

なお，単一のベンチャーキャピタルではなく複数のベンチャーキャピタルから投資を受ける場合は，通常は最大額を拠出するファンドのベンチャーキャピタルが「リード」となって，投資条件・バリュエーション等を決定し，投資後は次の資金調達までを支援することになります。

(1) 独立系

ファンド組成会社が，大手上場企業等の複数社から，投資用の資金を集めてファンドを形成します。投資事業有限責任組合で組成することが多く，投資家は有限責任，ファンド組成会社（同組合の主催者）が無限責任を負い，無限責任者が投資の判断や投資後の運用，投資先へのハンズオン（取締役の派遣や重要な経営判断・意思決定への介入権限等）を行います。アーリーステージで比較的まとまった資金を投資するケースが多くみられます。

(2) 政府系（官民ファンド）

一般的に政府系ファンドというと，政府が公的資金を拠出するファンドをいい，大型投資であれば国際的な取引（天然資源等）に係るものもあります。ここでいう政府系のベンチャーキャピタルとは，国と民間が共同して出資・組成した官民ファンドをいい，産業革新機構（INCJ）や地域経済活性化支援機構（REVIC）などがあります。ちなみに，農林水産省の農林漁業成長産業化支援機構（A-FIVE）は，投資先の不振による損失で，新規投資は中止となっています。

(3) 金融機関系

銀行等の金融機関におけるグループ会社としてのキャピタル会社です。最近では地銀等が組成したファンドがスタートアップ企業向けに投資するケースも出てきています。ただし，その沿革から，一般的にはアーリーステージでは投資せず，上場の可能性が高くなった時期以降で，手堅く出資するケースが多くみられます。

(4) CVC

事業会社またはそのグループ会社が出資するケースで，主に本業とのシナジーを期待して出資先を選択します。投資効率を最優先させる独立系のベンチャーキャピタルとは異なり，長期の投資が期待できます。出資する側の事業会社にとっては，自社のみで研究開発するより効果的な技術やアイデアを取り込む可能性が高くなり，リスクも出資額までに抑えられます。

2．投資方法

投資の方法としては普通株式のほか，種類株式，新株予約権付社債，コンバーティブル投資等があります。

(1) 種類株式

種類株式というと一般的には，無議決権株式，配当優先株式や取得条項付株式等をイメージしますが，ベンチャーキャピタルが出資する場合の種類株式は，普通株式より全てにおいて優先される株式であるケースがほとんどです（後記**3．**参照）。すなわち，普通株式が劣後株式となります。

会社がシード（起業前後のアイデア段階）やアーリー（起業後の先行投資段階）ステージにある場合はシリーズA（A種優先株式）というような呼称で，ステージが上がりミドル（事業が軌道に乗った段階）・レイター（事業計画が実現した段階）ステージで株価が上昇するに従い，シリーズB，シリーズCといった呼称で種類株式を発行します。

シリーズAは，その後の事業展開や株価等に影響を及ぼすため，ベンチャーキャピタルとの出資条件の交渉が重要になります（後記**3．**参照）。

(2) 新株予約権付社債・新株予約権付融資（ベンチャーデット）

社債発行または融資により資金調達をする際に，新株予約権を割当（付与）します。社債や融資といった，負債に対して割当（付与）するため，ベンチャーデットと総称します。

　社債を引き受けてもらい（融資を受け），満期または一定の要件をクリアした時に社債を償還する（借入金を返済する）ことになりますが，社債償還（借入金返済）において新株予約権を行使する資金に充当してもらうことで償還（返済）しない選択肢を付けることができます。この新株予約権を割当（付与）することで，場合によっては無担保低金利で，単なる融資より投資してもらいやすくなります。また，新株予約権は発行後すぐに行使することは予定されていないため，行使されるまでの期間における1株当たりの利益等や株価の希薄化を抑えることもできます。

　投資する側は，社債の償還（貸付金の回収）により投資額を回収し，金利を付すケースであれば金利も受領し，償還額またはその一部の額で新株予約権を行使して株式を取得できます。上場できない場合でも，その理由が事業計画の失敗や見直し等であれば，社債の償還（貸付金の回収）ができなくなる可能性が高くなりますが，潜在的成長性のある事業や技術等があれば，株式に転換してM&Aできる可能性（後記3．参照）もあります。

　なお，ベンチャーデットによる資金調達をした後に，他のベンチャーキャピタルから投資を受ける場合は，ベンチャーキャピタルの投資額がベンチャーデットの返済に充当される可能性があることから，その後のベンチャーキャピタルからの投資が思うように進まないことがあります。

(3)　コンバーティブル投資（convertible equity）

　シードやアーリーステージのベンチャー企業の株価（バリュエーション）は，非常に曖昧です。**Q12**の考え方による株価算定がまだできる段階でなく，たとえば経営者が自分で決めて，友人がその株価で普通株式による第三者割当増資をしているようなケースも多々あります。

　そこで，投資家は新株予約権として会社に資金を拠出（新株予約権の権利だけでなく行使価格も含めた額）し，次の資金調達時においてその資金調達時の株価より低い価額でこの新株予約権を株式に転換する方法をとることで，先行投資したメリットを受けることができます。新株予約権ではなく融資の形をと

ることもありますが，会社にとって負債に計上されて純資産が圧迫されてしまうため，通常は，純資産に計上される新株予約権として資金調達します[※]。

　次の資金調達時より低い株価に転換するために，投資条件として一般的には，ディスカウントとキャップを組み合わせます。たとえば，次の資金調達において株価が１万円とされれば，ディスカウントを20％としていた場合，8,000円で転換されます。すなわち，次の資金調達の投資家より株式数で25％多く得ることができます。また，バリュエーション３億円のキャップを設定していれば，発行済株式数が５万株の場合，１株6,000円で転換することができます。通常はどちらか低い価額で転換できるとしていますが，ディスカウントだけ，キャップだけとするケースもあります。

　ディスカウント割合が高い場合や，キャップが低い場合，コンバーティブル投資をした投資家の株式数（シェア）が高くなるため，既存株主や次の資金調達時の投資家にとって好ましい状況ではなくなります。

（※）米国で開発されたコンバーティブル投資の代表例としてKISS（Keep　It　Simple　Security）がありますが，それを日本の法令等に合わせたひな型としてJ-KISS（株式会社Coral Capitalが無償提供）が利用されています。

3．経営の自由度

　ベンチャーキャピタル（リード）と会社および大株主のオーナー経営者（経営株主）は，投資にあたって株主間契約を締結します。なお，他にも投資契約や財産分配契約を締結することもあり，また，ベンチャーキャピタルが１ファンドだけの場合はこれらの契約を集約することもあります。

　ベンチャーキャピタルに投資してもらうためには，その事業の成長性，将来性，上場の可能性等を厳しく審査されるため，何社回っても回答が得られないことが多く，また，投資を受けられるとなっても，バリュエーションを低くされたり，種類株式や株主間契約による過剰な縛りを受けたり，経営への自由度が制限されたり（行き過ぎたハンズオン）することがあります。

　そこで，経済産業省はベンチャーキャピタルの資金拠出者としての優位な立

場による行き過ぎた権利等に対し，問題提起と健全な投資のために「我が国における健全なベンチャー投資に係る契約の主たる留意事項」（2022年3月改訂版）を公表しています。

とはいえ，ベンチャー企業は投資家から資金提供を受けなければ事業を実行・拡大等できないことから，かなりの譲歩を迫られて仕方なく受入れているケースも見られます。

そこで，投資の受入れにあたっては，株主間契約の主要な条件を事前にまとめたタームシートの段階での交渉・協議が非常に重要です。

ベンチャーキャピタルが要望してくる主な条件としては，以下の条項があります。

(1) 経　営

① 取締役の指名権

ベンチャーキャピタルが指名する取締役を受入れる必要があります。この取締役を解任することは，既存株主である経営株主の議決権シェアが高くても，ベンチャーキャピタルの承認がなければできません。

② 経営判断の事前承認・拒否権

経営株主の議決権や取締役としての代表権にかかわらず，ベンチャーキャピタルの事前承認がなければ，定款変更，増資，新株予約権（ストックオプション）発行，合併等の組織再編，株式譲渡，取締役・代表取締役の選任および解任，事業計画・設備計画・資金計画の策定および変更などができません。

③ 情報アクセス権

会社はあらゆる重大事項（配当，重要資産の売買，役員報酬，一定額の借入・設備投資・貸付，重要な契約の締結・解除，子会社等の設立・増減資等，幹部社員の人事異動・採用，主要取引先等の変更，重要規程の変更など）を事前に報告する必要があります。また，決算書等や帳簿等の財務情報も常に閲覧等できるとされています。

④ **経営株主の連帯責任・義務**

　経営株主は会社と同じ義務および協力を求められ，中には会社の契約義務違反や表明保証違反についても連帯責任を負わせるケースがあります。また，他社との兼務は禁止され，会社の取締役等を退任させられた後も引き続き義務だけが一定期間継続されたり，競合事業を禁止されたりします。

⑵ **株式（種類株式）**

① **議決権**

　普通株式と同様に，１株につき１議決権を有します。

② **残余財産優先分配権・みなし清算条項**

　普通株式より先に投資額を回収し，さらに残りがあればそれを普通株式と同等の割合で分配するものとします。また，会社が解散ではなくM＆Aで売却された場合は，その売却代金を同じく優先して受領するとします。組織再編についても同様の条項を付されることがあります。

③ **転換請求権・希釈化防止条項**

　優先株式を普通株式に転換請求できます。この場合の転換比率は，投資当初は１：１とされます。ただし，仮にその後の資金調達にあたって株価が低くなってしまうと，その前に投資した投資家は，早い段階で投資したにもかかわらず後で投資したほうが有利となってしまうため，その対策として希釈化防止条項をいれます。

　希釈化防止条項には，主にフルラチェット方式，ナローベース加重平均方式，ブロードベース加重平均方式の３方式が用いられます。フルラチェット方式は，たとえば１株1,000円で投資した後に１株500円の増資が行われた場合は，転換比率を１：２とします。ナローベース加重平均方式は，当初の投資額とその後の投資額を増資後発行済株式数で按分することで株価を加重平均します。ブロードベース加重平均方式は，ナローベース加重平均方式における既存の発行済株式数に加えストックオプション等の潜在株式をすべて行使されたものとして，株価を加重平均します。

通常はブロードベース加重平均方式を採用しますが，フルラチェット方式はその投資をした側に有利過ぎることから，注意を要します。

④　買戻し請求権

上場やM＆Aが困難となった場合に，会社と経営株主に連帯して株式を買い取らせる条項です。そもそも投資する段階で損失が生じる可能性は承知のうえですから，このような条項は，よほど特殊な事情（反社会的勢力との関係が明らかになった場合等）がない限り認めるべきではありません。ベンチャー企業が持つ知財の無償提供を要求して，応じなければ買戻請求すると脅すような悪質なケースもありましたが，経済産業省から公表された留意事項（本項３．冒頭参照）により，あからさまな権利の行使は減っているようです。

⑤　先買権

経営株主が株式を一部でも譲渡する場合は，事前承認はもとより，ベンチャーキャピタル（ファンド）がその譲渡する株式を買取請求できます。

⑥　株式等引受権

会社が株式や新株予約権等を発行する場合はその持株比率に応じて引受権を有します。

⑦　タグアロング権（Tag-along right）

経営株主またはベンチャーキャピタル（ファンド）が第三者に株式を譲渡する場合に，共に譲渡するよう請求できる権利です。一部の株主の売り抜けを防止します。

⑧　ドラッグアロング権（Drag along right）

経営株主またはベンチャーキャピタル（ファンド）が第三者に株式を譲渡する場合に，他の株主全員がその譲渡に参加する義務を負わせる権利です。

たとえば，事業計画が予定どおりに進まず，ファンドが損出ししたい場合において，非上場株式なのでファンドだけではなかなか譲渡できなくても，全株式を譲渡すればM＆Aとして譲渡できるときは，経営株主もその譲渡に参加しなければならないということになります。すなわち，経営株主の意志に関係なく，ファンドの意向で会社を売らなければならないという条項です。

　利益相反にならないように経営株主が自分の知財等を会社に提供している場合は，知財等ごとM&Aされることになります。しかもそのM&Aの譲渡対価はみなし清算条項によりファンドに優先的にとられることになり，そのようなケースは大体安く売られてしまうので，手許に何も残らない可能性が高くなります。経営株主が特許等の専用実施権等を会社に設定している場合，このようなM&Aがなされると，場合によってはタダで譲渡するだけでなく，経営株主はこの特許等を今後使うことができなくなってしまいます。

4. 税務上の留意事項

(1) 法人税別表2

　普通株式と異なる議決権数をもつ種類株式を発行している場合は，別紙明細を付します。

(2) 法人税別表5(1)付表「種類資本金額の計算に関する明細書」

　株式の種類ごとの資本金等の明細を付します。普通株式，A種類株式，B種類株式といった区分ごとにそれぞれの払込金額等からなる資本金等を記載します。

(3) 普通株式の評価

　所得税におけるその株式の時価を評価するにあたって，種類株式を発行している場合は，株式の種類ごとにその内容を勘案して1株当たりの価額を算定することになります（所得税基本通達23〜35共−9，租税特別通達29の2−1）。

　したがって，ベンチャーキャピタルが，債務超過にかかわらずその事業価値を見込んで高いバリュエーションで投資（増資）していても，種類株式での投資であれば，その高い株価に関係なく，投資後の普通株式やその他の種類株式の時価（税制適格ストックオプションの行使価格など）を算定することができます(※)。

（※）株式の種類ごとにその内容を勘案して 1 株当たりの価額を算定することとされたのは，2023 年 7 月 7 日に国税庁が通達改正したことによります（**Q12**参照）。

　ちなみにこの改正前は，普通株式も種類株式も同じ評価になるとの考え方を排除できず，税務リスクを鑑みて保守的評価せざるを得ない状態でした。

　たとえば，財産評価基本通達による類似業種比準価額を計算する場合の 1 株当たりの配当金額については，株式の種類ごとに算定することになっていますが，配当還元価額を計算する場合の 1 株当たりの資本金等の額については，種類株式ごとに算定するとの規定がないため，配当していない会社は，普通株式であっても種類株式であっても，配当還元価額は同額となってしまいます（財産評価基本通達188 - 2）。

　これにより，ベンチャーキャピタルによる種類株式での高い株価により増資が行われた後に少数株主向けの普通株式の評価をするにあたって，所得税基本通達23〜35共 - 9 により財産評価基本通達178から189 - 7 までをベースとして評価することになっていることから，純資産価額方式よりも配当還元価額の方が高い評価となるようなケースもありました。

　改正により，配当還元価額は株式の種類ごとの資本金等により算定することができ，また，普通株式の純資産価額は，種類株式で優先される残余財産分配権を控除した残りの時価純資産により評価されることが明確になりました。

(4)　過少資本税制

　ベンチャーキャピタル等のファンドから出資を受ける場合，そのファンドの出資者名が伏せられているケースがありますが，少なくとも海外からの出資が含まれているか等の確認は必要です。出資割合によっては外国法人の子会社等となることがあり，思ってもみなかった課税を受けることがあり得ます。

　たとえば，出資割合が50％以上となるファンドの出資者が外国法人の場合で，その外国法人や関連法人等から出資だけでなく融資（迂回融資等を含む）を受けるケースでは，その外国法人の出資額の 3 倍超の借入額（実質的な融資を含む）に係る支払利息等は損金不算入とされます（租税特別措置法第66条の 5）。

インキュベーター，アクセラレーター

　創業したばかりの会社では，創業者（経営者）は技術はあるものの，営業方法や管理業務に関しておおむね理解不足であり，また，資金だけでなく人的リソースも不足しているケースが多くみられます。そのような場合にインキュベーターとして事業活動等を支援する組織があります。さらに次のステージになると，具体的に事業の成長・拡大の実現を目指す必要があり，そのような場合に，アクセラレーターとして短期集中的に支援する組織があります。

　どちらも，既存企業からの紹介や，またはインキュベーターやアクセラレーター自身が事業計画等を公募することで，成長性が見込める事業の実現を支援します。また，出資（投資）を伴う場合もありますが，主目的は事業の実現支援であることから，比較的自由な経営が見込めるといわれています。

　ベンチャーキャピタルがこれらの役割を兼務するケースもあります。ただし，ベンチャーキャピタルの主目的は，ファンドに投資した出資者への利益還元（新規上場による売出，Ｍ＆Ａによる譲渡等の株式譲渡益）ですから，事業が計画どおり推進している場合は問題なくても，予定と異なる状況になった場合，とるべき優先順位が異なります。

　投資してもらう相手の主たる目的を把握したうえで，資金調達だけでなく事業活動の支援を受けることが望まれます。

エンジェル税制

　スタートアップ企業は，自社がエンジェル税制の適用対象会社になれば，直接個人から，またはファンド等を経由して個人から，出資を受けやすくなります（風営事業，他の者から譲受した事業が主たる事業，大規模法人のグループ会社，上場会社を除きます）。

　そこで，その金銭出資による払込時点（事前確認を受ける場合はその申請時点。起業特例を受ける場合は設立した年の年末）において必要な要件[※]すべてを満たしていれば，都道府県に確認申請し，確認書を発行してもらいます。金銭出資した個人（同族株主を除く）は，確定申告書にこの確認書を添付することで，その払込した年の所得につき，以下の特例が適用できます。

(1)　設立後1年未満（起業特例）・(2)　設立後5年未満（プレシード特例）
　他の株式の譲渡益から出資額（最大20億円）相当額を控除することができます。

この控除は非課税措置であり，課税の繰延べではありません。これは新規上場等により莫大な利益を得た株主が，その得た利得を新たな事業に投資しやすくする特例です。

(3) 設立後5年未満（優遇措置A－1）・(4) 設立後5年未満（優遇措置A－2）

出資額（2,000円を超える部分。ただし，総所得金額の40％か800万円のいずれか低い額まで）を控除することができます。これは課税の繰延措置です。

(5) 設立後10年未満（優遇措置B）

出資額（2,000円を超える部分。上限はありません）を控除することができます。これは課税の繰延措置です。

また，その投資による株式を譲渡した場合の譲渡損失や解散等による損失について，他の株式譲渡益と損益通算および3年間の繰越控除が適用できます。この場合における優遇措置を受けた場合の株式の取得価額は，課税の繰延分を控除した額となります。

（※）必要な要件は以下のとおりです。

---

(1) 設立後1年未満（起業特例）
① 初年度（設立後1年未満）において
　ア．常勤研究者・活動従事者が2人以上であり，それが常勤役員・従業員の10％以上であること
　イ．事業計画において販管費が出資金額の30％超であること
② 翌年度（設立後1年未満）において
　ア．前記①アまたは試験研究費等が収入の3％超であること
　イ．販管費が出資金額の30％超であること
③ 外部投資が1％以上であること

---

(2) 設立後5年未満（プレシード特例）
① 初年度（設立後1年未満）において
　ア．常勤研究者・新事業活動従事者が2人以上であり，それが常勤役員・従業員の10％以上であること
　イ．事業計画において試験研究費等が出資金額の30％超であること
② 翌年度（設立後1年未満）において
　ア．前記①アまたは試験研究費等が収入の3％超であること
　イ．売上0なら営業損益がマイナス，売上プラスなら営業損益がマイナスかつ試験研究費等が出資金額の30％超であること

③　設立後１年以上から３年未満まで
　　ア．新事業活動従事者が２人以上であり，それが常勤役員・従業員の10％
　　　　以上であること，または売上高成長率が25％超であること，もしくは試
　　　　験研究費等が収入の３％超であること
　　イ．前記②イと同じ
④　設立後３年以上５年未満
　　ア．売上高成長率が25％超または試験研究費等が収入の３％超であること
　　イ．前記②イと同じ
⑤　外部投資が５％以上であること。

(3)　設立後５年未満（優遇措置Ａ－１）
①　初年度（設立後１年未満）において，
　　常勤研究者・新事業活動従事者が２人以上であり，それが常勤役員・従業
員の10％以上であること
②　翌年度（設立後１年未満）において
　　前記②または試験研究費等が収入の５％超であること
③　設立後１年以上から２年未満まで
　　新事業活動従事者が２名以上であり，それが常勤役員・従業員の10％以上
であること，または売上高成長率が25％超であること，もしくは試験研究費
等が収入の５％超であること
④　設立後２年以上から３年未満まで
　　試験研究費等が収入の５％超であること，または売上高成長率が25％超で
あること
⑤　設立後３年以上５年未満
　　試験研究費等が収入の５％超であること
⑥　外部投資が１/６以上であること

(4)　設立後５年未満（優遇措置Ａ－２）
①　初年度（設立後１年未満）において
　　事業計画を有すること
②　翌年度（設立後１年未満）において
　　直前期までの営業キャッシュ・フローがマイナスで，常勤研究者・新事業
活動従事者が２人以上であり，それが常勤役員・従業員の10％以上であるこ
と，または試験研究費等が収入の５％超であること
③　設立後１年以上から２年未満まで
　　直前期までの営業キャッシュ・フローがマイナスで，新事業活動従事者が
２名以上であり，それが常勤役員・従業員の10％以上であること，または売

上高成長率が25％超であること，もしくは試験研究費等が収入の５％超であること

④　設立後２年以上から３年未満まで

直前期までの営業キャッシュ・フローがマイナスで，試験研究費等が収入の５％超であること，または売上高成長率が25％超であること

⑤　設立後３年以上５年未満

直前期までの営業キャッシュ・フローがマイナスで，試験研究費等が収入の５％超であること

⑥　外部投資が５％以上であること

---

(5)　設立後10年未満（優遇措置Ｂ）

①　初年度（設立後１年未満）において

常勤研究者・新事業活動従事者が２人以上であり，それが常勤役員・従業員の10％以上であること

②　翌年度（設立後１年未満）において

常勤研究者・新事業活動従事者が２人以上であり，それが常勤役員・従業員の10％以上であること，または試験研究費等が収入の３％超であること

③　設立後１年以上から３年未満まで

新事業活動従事者が２名以上であり，それが常勤役員・従業員の10％以上であること，または売上高成長率が25％超であること，もしくは試験研究費等が収入の３％超であること

④　設立後３年以上５年未満

売上高成長率が25％超であること，または試験研究費等が収入の３％超であること

⑤　設立後５年以上

試験研究費等が収入の５％超であること

⑥　外部投資が１／６以上であること

なお，エンジェル税制は金銭出資のみが対象でしたが，2024年度税制改正により，J-KISS（**Q20**参照）などの新株予約権についても，適用対象となります。ただし，新株予約権取得時ではなく，権利行使した時点で，新株予約権の取得価額（権利行使額を含む）が適用となります。

また，エンジェル税制は，個人が投資対象会社に直接投資するか，または認定投資事業有限責任組合や認定少額電子募集取扱業者による株式投資型クラウドファンディングを経由して投資する方法により本税制が適用できますが，個人からスタートアップ企業への投資を促進するため，一定の信託を経由した投資も追加されます。

Q21 資産管理会社の必要性

　顧問先である上場予定の中小企業のオーナー社長は，知り合いの上場会社の社長に，上場前に資産管理会社を作っておいたほうが良いと助言されたそうです。資産管理会社を用意することのメリット・デメリットを教えてください。

 　株式の承継や，相続等による議決権の分散防止対策に有効です。ただし，配当や譲渡益は資産管理会社に帰属するため，個人にその利益を還元するには，資産管理会社から配当等する必要があります。また，新規事業への投資にあたり，個人でなく会社から行うことができます。

解説··

1．個人が保有する株式の承継

(1)　相続人

　大株主であるオーナー経営者は，新規上場時に株式を売出した後も，シェアは低くなるものの株式を保有し続けることになります。

　市場区分の変更（東証グロース市場から東証スタンダード市場への移行等）時において売出したり，インサイダー条項に留意しながらその後も少しずつ売却したりすることもあります。とはいうものの，経営者が市場に自社株を放出することへのレピュテーションリスク（**Q10**参照）や，経営責任等においてある程度のシェアを保有し続けざるを得ないことから，持株がゼロになることは一般的にはありません。そこで，相続人は，たとえ会社の役員等にならなかったとしても，株式は承継することになります。

(2)　相続税

　オーナー経営者が所有株式をすべて個人で直接所有していた場合，その会社

の株価がほぼそのまま相続財産となり，相続税の課税対象となります。

　上場会社のオーナー経営者が保有するその会社の株式は，他に金融商品・不動産等を所有していたとしても，その相続財産のうちに占める割合がかなり高いケースが多く，その場合，相続人は相続税の納税のために，その株式の一部を譲渡するか物納等することになります。市場に売却すると株価が急落する可能性があるため，ファンド等の譲渡先があれば立会外取引（ToSTNeT等）で譲渡することもあります。3分の1超のシェアとなれば公開買付けとする必要も生じてしまいます。また，物納することもあり，物納されている間は国が株主となりますが，いずれ財務局が市場に出すことになります。その株を担保に延納することもありますが，これは結果として少しずつ市場に出すことで納税することになります。

2．資産管理会社が保有する株式

(1)　議決権の分散防止

　被相続人が所有していたその上場会社の株式は，前記1．(2)のとおり相続財産のうちに占める割合が高く，また，換金性が高いことから，相続人が複数存在する場合は，分散して相続することが多くみられます。そのようなケースでは，株主である被相続人から複数の相続人への分散となるため，当然議決権も分散することになります。

　資産管理会社がその上場会社の株式を保有しているのであれば，相続人が資産管理会社の株式を分散して相続したとしても，その上場会社の株主は資産管理会社のままであり，相続による議決権の分散を防止することができます。

(2)　相続税

①　評価額

ア．純資産価額

　相続財産の評価は，その上場会社の株式ではなく資産管理会社の株式評価額となります。資産管理会社が株式保有特定会社に該当する場合は純資産価額方

式で評価されます。その場合，資産管理会社が所有するその株式の，取得価額^(※)と相続発生時の相続税評価額の差額である含み益（評価差額）に対し，法人税額等に相当する金額（2024年1月現在37％）を控除することができます。資産管理会社の所有する株式は，非上場時代と上場後ではその株価に大きな差が生じるため，法人税等相当額の控除は非常に有効的です。

（※）現物出資，株式交換，株式移転，株式交付により，資産管理会社が著しく低い価額で取得した場合は，その取得時の相続税評価額とされます。合併により著しく低い価額で取得した場合は，その時の相続税評価額か被合併法人の帳簿価額のどちらか低い額とされます。ただし，いずれの場合も相続等の課税時期の評価額のほうが低い場合は課税時期の評価額とされ，また，その相続等の課税時期における総資産のうちに占める割合が20％以内の場合を除きます（財産評価基本通達186-2）。

イ．類似業種比準価額

相続税対策上は，資産管理会社に不動産等を所有させて，株式保有特定会社に該当しないようにし，純資産価額評価より低いとされている類似業種比準価額で評価できるようにスキームを組むことが一般的に行われています。

しかし，上場会社の株式を所有する資産管理会社については，主幹事証券会社から，上場にあたって形式的（定款の目的）にも実質的にも，その株式を保有することだけを目的とすることを要求されます^(※)。したがって，その時点では不動産の取得や他の事業を行うことは控えざるをえず，その場合の評価額は，前記**ア．**による評価となります。

上場後は，相続税対策に有効かどうかの前に，資産管理会社をどのような位置づけにして，どのような事業活動を行うかを，その上場会社と共に検証する必要があります。

（※）支配株主等の開示義務

　　その会社の親会社や，主要株主（その会社の議決権を10％以上所有する株主）のうちその二親等内の親族・議決権を過半数所有する会社等の持つその会社の株式の議決権が合わせて50％超であるもの，またはこれらの関係者・関係会社等は，支配株主等とされます。

　支配株主等は，商号・名称，議決権割合のほか，その会社との取引関係・独立性・事業上の影響等および決算情報も適時開示することを求められます。これは，支配株主等以外の少数株主・投資家にとって不利益にならないよう十分な情報に基づく投資判断のために義務化されています。

　ただし，その支配株主等がその上場株式を保有する資産管理会社としての事業以外に活動しておらず純粋な資産管理のためだけに存在し，また，その資産管理会社がその上場会社を支配しているのではなくオーナー経営者自身が支配しているのと同じであると認められるなど，一定の条件を満たす場合は，その上場会社への影響は軽微とされ，開示しなくても良いとされています（有価証券上場規程第411条）。

　そこで，オーナー経営者の会社が上場する場合，新規上場直前まで（または上場後も），資産管理会社は支配株主等に該当するケースが一般的であることから，その上場株式のみを保有することを目的とすることや，オーナー経営者一族以外の役員，従業員がいないこと等が要求されます。

②　納　税

　相続人は資産管理会社の株式を相続するために，相続税を納税するための資金を別途用意する必要があります。そこでたとえば，資産管理会社が所有する上場株式を担保に金融機関等から借入し，その資金を原資として，相続人に貸付したり配当したり給与等を支払い，所有する上場会社の配当金で借入を分割返済するなどの対応策が考えられます。ちなみに，株価が下がれば追証を求められます。

3．投資等

　新規上場により，創業者利得を多額に得た場合，もちろん個人的な趣味等に使うこともありますが，上場の経験者として，これから上場したいベンチャー企業を支援することもあります。そこで，個人だけでなく資産管理会社も新規上場時に保有する株式のうち一定数を売出し，創業者利得を得て，その資金を育成中のベンチャー企業に投資等することが考えられます。

　ベンチャー企業に個人で投資する場合は，エンジェル税制（コラム「エンジェル税制」参照）の優遇措置を受けることができますが，エンジェル税制の

諸条件をクリアしなければ非課税や課税の繰延べの適用を受けることができません。一方，法人であれば投資先のベンチャー企業に関する諸条件に関係なく，投資に係る損益を通算することができます。税率からみて個人のほうが有利（2024年1月現在所得税・復興特別所得税15.315％，住民税5％）と思われますが，ベンチャー企業への投資は成功すれば得るものが大きい代わりに成功率は低いため，損益通算できるかどうかは重要なポイントです。

　そのほか，インキュベーターやアクセラレーター（コラム「インキュベーター，アクセラレーター」参照）として支援する場合は，支援に係るコスト等の費用化の面においても，法人で実施したほうが有効と考えられます。

親会社等状況報告書

　資産管理会社やその支配会社等が，その上場会社の総株主等の議決権の50％超を合計して所有（他人名義等による実質所有を含む）している場合は，その上場会社は期末から3カ月以内に「親会社等状況報告書」の開示が必要となります（金融商品取引法第24条の7）。

　親会社等状況報告書の開示対象は，発行株式・株主・役員・計算書類等（貸借対照表・損益計算書・株主資本等変動計算書・個別注記表・事業報告・附属明細書）です。

Q22 資産管理会社の設立方法

顧問先である上場準備中の中小企業のオーナー社長から，資産管理会社の設立を依頼されました。会社の種類や株主構成など，留意すべきポイントを教えてください。

 A 資産管理会社は，通常は株式会社で設立し，議決権はオーナー社長が過半数を所有することとします。また，事業目的は株式の保有・運用のみとし，所在地等（場合によっては商号も）についてはその上場準備会社と関連付けられるものとします。

解説

1．会社の種類

会社には，株式会社と持分会社（合同会社，合資会社，合名会社）があります。持分会社は株式会社に比べて設立コスト等が比較的安いことから，資産管理会社を合同会社で設立することがあります。

(1) 持分会社（業務執行社員）

持分会社は原則として出資者[※1]である社員全員の合意により運営されることから，資産管理会社の主要な業務である上場会社の議決権の行使にあたって，それが可能な人員が出資者でなければなりません。オーナー経営者1人だけで資産管理会社の出資持分を所有しているのであれば，合同会社や合名会社でも問題ありません[※2]が，株式の承継等を想定して親族等を資産管理会社の出資者に入れる場合，原則としてその親族等もオーナー経営者と同じ権限と責任を負うことになります。

そこで，持分会社により資産管理会社を設立する場合は，原則によらず，定款で業務執行社員を規定（登記事項）することで，資産管理会社の実質的な経

営者を明確にする必要があります。

　ただし，全社員の同意，または定款に別段規定^(※3)がある場合でそれによ る決定があれば，いつでも業務執行社員の変更は可能になります。

　したがって，持分会社である場合，その運営には不確定要素が生じかねない と，上場時における主幹事証券会社等から判断されることがあります。

（※1）合名会社および合資会社の無限責任社員は，労務等による出資も可。

（※2）合資会社は無限責任・有限責任各1名以上の社員が必要。

（※3）多数決等。登記事項ではありません。

(2)　株式会社（株主構成）

　経営者の子供であっても，未成年者や，成人だとしてもその上場しようとす る会社と関係がない者が，資産管理会社の株主（出資者）になって議決権を行 使する可能性があるとなれば，上場準備中で不確定要素を極力排したい状況に ある会社にとって，安定株主のはずが逆に不安定な状況になる，またはその可 能性が高くなると考えられます。場合によっては，支配株主等の開示義務 （**Q21**参照）にも触れかねません。

　そこで，資産管理会社を株式会社で設立する場合は，これらの者が株主（出 資者）であっても議決権は制限することにします。たとえば，発行済株式の 90％をオーナー経営者の未成年の子供が所有していたとしても，これを無議決 権株式（登記事項）とすることで，発行済株式の残り10％を所有するオーナー 経営者が議決権100％を保持することができます。この場合，無議決権株式を 議決権株式にするには，議決権をもつ株式の種類株主総会の承認が必要なので， オーナー経営者以外の株主が議決権をとろうとしても，できないこととなりま す。

　ただし，議決権の問題をクリアしたとしても，たとえば未成年者が発行済株 式の過半数を所有する会社が資産管理会社（資本上位会社）であることは，不 安定要素と判断される可能性があります。そこで，上場申請にあたっては，無 議決権株式があるかどうかにかかわらず，少なくとも発行済株式の過半数は

オーナー経営者が所有していたほうが無難と考えられます。

　ちなみに，オーナー経営者の子供が株主である場合で，この子供が一時的でなく本格的な海外留学等をすることとなったときは，国外転出時課税（いわゆる出国税）の適用対象になる可能性があります。この場合は納税猶予の特例の適用を受けるための手続きを，国外転出時までに忘れず行う必要があります。

(3)　一般財団法人等

　持分のない法人により人的支配で管理することも考えられます。そこで，前記(1)(2)ではなく，一般財団法人などにより資産管理法人を作ることも可能です。

　ただし，2018年度税制改正により，相続税対策は実質的に封じられ，また，解散した場合の残余財産がどこに寄附されるかは定款記載事項または解散時での決議事項なので，（株式会社であれば株主に行くことが明確ですが）投資家からすると不安定要素となります。

　したがって，一般財団法人等による資産管理会社は，一般的にはメリットがありません。

2．上場申請

　上場申請にあたっては，役員等が実質的に所有している会社につき，株主構成のほか，事業目的・所在地・役員構成・決算期・取引関係・事業規模（従業員数，総資産額，売上高，当期利益）を提出することになります（新規上場申請者に係る各種説明資料）。

　資産管理会社は，オーナー経営者（役員）が実質的に所有している会社に該当するため，提出対象となります。

(1)　商　号

　上場前および上場後も大株主（上位10位内の株主）や主要株主（議決権の10％以上保有）[※]に該当する可能性が高いことから，投資家に，経営に関係ない会社が大株主である等といった疑念を持たれないように，オーナー経営者

が支配する会社であることが判る商号が求められます。オーナー経営者の名前やイニシャル等を用いるケースが多くみられます。

（※）大株主の状況は有価証券報告書で，主要株主や筆頭株主の異動は大量保有報告書の提出にもとづき発行会社が適時開示します。

(2)　所在地

　上場準備会社と同じ住所にすると，事務所の賃貸借契約として上場準備会社との取引が生じてしまうこと（後記(4)参照），また，関係性が濃厚であると見られるため，オーナー経営者の住所地とすることがあります。これは，上場準備会社の登記簿謄本に，代表取締役としてオーナー経営者の住所地が記載されている(※)ことから，オーナー経営者個人の資産管理会社であることが明確になるためです。

（※）商業登記法の改正により，2024年10月1日から，登記簿謄本上の代表取締役等の住所につき，会社の判断により，市区町村までの記載とすることが可能となります。

(3)　事業目的

　その上場準備会社の株式のみを保有する会社であることから，事業目的は，有価証券の保有及び運用とします（**Q21**参照）。

(4)　取引関係

　新規上場申請時においては，たとえ開示するとしても，上場準備会社との取引は一切ない状況にすることが求められます。これは，上場準備会社が得るべき利益を資産管理会社に流出させているとの投資家への疑念を生じさせないためです（**第4章**参照）。

(5)　事業規模

　前記(1)の事業のみを行うため，配当金収入以外に収入はなく，したがって従業員は不要です（**Q21**参照）。

Q23　資産管理会社への株式シフト

　上場準備中の会社の株式を，オーナー経営者個人から本人の資産管理会社に譲渡するにあたって，資産管理会社には資金がないため，現物出資しようと考えています。しかし，オーナー経営者の譲渡益課税の納税のためには本人の給与を上げざるをえませんが，そうなると会社から資金が流出し，利益も減ってしまいます。上場前に資金や利益が流出することを少しでも抑えたいので，他に何か方法はないでしょうか。

A オーナー経営者個人の所有する株式を会社に移動するためには，売買，現物出資，株式移転，株式交換が考えられます。株式そのものをシフトせず資産管理会社に株式を所有させる方法としては，ストックオプションを割当（付与）する方法もあります。

解説

1．売買

　売買による場合，資産管理会社は株式取得のための借入を行います。

　オーナー経営者に資金的余裕がある場合は，オーナー経営者から借入し，金融機関が融資してくれる場合は，金融機関から借入し，株式売買代金をオーナー経営者に渡します。金融機関によっては，事業承継対策として，オーナー経営者にこの資金を融資してくれることもあります。その場合，オーナー経営者は金融機関から借入してそのまま資産管理会社に貸付し，オーナー経営者は株式売買代金を受領してそれを金融機関に返済します。

　いずれにしろ，資産管理会社は借入金により株式を取得できますが，オーナー経営者は譲渡益に係る税金を別途手配する必要が生じてしまいます。

２．現物出資

　現物出資による場合，資産管理会社は取得する株式の価額と同額の資本金・資本準備金を計上することになります。資本金が高額になってしまった場合は，会計監査や外形標準課税の対象としないために現物出資した事業年度末までに減資しますが，地方税の均等割は高くなります。

　また，前記１．と異なり借入がないため，資産管理会社の評価額は移動した時点では移動した株式の評価額と同額となります。

　オーナー経営者は前記１．同様，譲渡益に係る税金を別途手配する必要が生じてしまいます。

３．株式移転・株式交換

　オーナー経営者が上場準備会社の株式を100％所有していた場合で，所有する株式すべてを資産管理会社にシフトするときは，株式移転か株式交換が方法として考えられます。

　ただし，個人所有の株式を残さずすべて資産管理会社に保有させるということは，その後に個人が増資等で株式を取得しない限り，上場時の売出で創業者利得を個人で受けられないことになるため，方法としてはお勧めできません。

　なお，上場準備中ではありますが，この株式移転等をした時点で上場することが決定しているわけではないため，その後上場できたとしてもこの時点での

税制適格要件である継続支配要件は満たせないわけではないものと考えられます（**Q24**参照）。ただし，その後に増資等を受けることがほぼ確定しているような状況であれば，継続支配要件を満たさなくなる可能性が生じます。

　ちなみに，相続税評価額の純資産価額方式における移転株式の取得価額は，移転時の相続税評価額（**Q21**参照）となります。

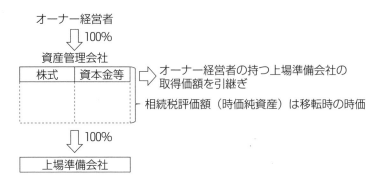

4．ストックオプションの割当

　資産管理会社にストックオプションを割当（付与）します。

　大量の株式数相当分のストックオプションを割当（付与）した場合，潜在株式のまま上場を迎えるのは，潜在株式の発行済株式数における割合の制限等（**Q14**参照）から，事実上困難と考えられます。

　その場合，上場直前になったら，金融機関等から権利行使のための資金を借入して権利行使し，売出または上場後（ロックアップに留意）に取得した株式の一部を譲渡して借入金を返済します。

　行使と売出のタイミングのズレにより行使時課税を避けたい場合は，有償ストックオプションを取得することとします（**Q16**参照）。

　割当（付与）時に資金的に余裕がなければ，有償ストックオプションの取得のための時価をできるだけ低く評価し，また，権利行使にあたっては上場前に借入し，売出資金で返済を行うため，オーナー経営者個人の負担は生じず，借入期間も長期にならずに済みます。

　なお，1．～4．のいずれのケースであっても，その効果や税額等を鑑み，株式の移動は株価が低いうちに（できればN－3期以前）実施することが望まれます。

【ご参考】

　株式交付により資産管理会社に株式を移動したケースも一時期ありました。ただ，実質的には現物出資であるとして税務上否認されるリスクがあるとされ，また，その後税制改正により，同族会社（資産管理会社が特定の親族等に支配されている）への適用はできなくなったことから，現在は利用されていません。

資産管理会社の税務

　その上場会社の株式のみを保有する会社が，上場時に売出すると，その期は譲渡益がほぼそのまま課税所得（借入があれば利息支払い後）となります。翌期はこれに係る事業税が発生しますが，会社からの配当金は，そのシェアに応じて一定額が益金不算入となるため，翌期の事業税に見合う課税所得がなくなることがあり，繰越欠損金になる可能性が生じます。

第3章

グループ法人の再構築には 組織再編税制を知る 税理士の支援が必要です

Q24 子会社の整理（合併等）

主幹事証券会社から，上場準備中の会社の複数の子会社について，統廃合するよう指示されたとのことです。連結決算するのでそのままでもよいようにも思いますが，なぜでしょうか。また，子会社の合併等を検討するにあたって，上場準備中ならではの留意すべき事項を教えてください。

A 子会社等として存在する意義に欠けるとされると，統廃合しなければならなくなります。

また，上場準備中であるか否かにかかわらず，組織再編税制は適用されますので，買収した会社で欠損金や含み損がある子会社を他の子会社等に合併させなければならないケースや，合併等により資産調整勘定等が生じてしまう場合の今後の税額や税効果会計に留意が必要です。

ちなみに，税制適格組織再編における株式継続保有要件については，その組織再編をした時点での見込み判断なので，その後事情が変わって継続保有できなくなったとしても，影響はないと考えられます。

解説

1．子会社・関係会社の統廃合

(1)　統廃合の目的

独立した会社として存在すべき理由が明確にないとされる子会社等は，管理コスト等の経営資源の無駄遣いとなりやすいと考えられます。休眠会社，回復の見込みのない赤字事業，事業が競業する子会社等については，解散・事業の廃止・合併等する必要があるとされます。

ただし，たとえば会社ごとに業種が異なる場合や，業種が同じであっても地域戦略上各地に独立した法人格が必要など，経営戦略上の合理的な存在理由があれば，そのまま認められるケースもあります。なお，他の株主がいる場合の子会社については，事業上の理由で合弁会社等を持っている場合を除き，可能

な限り他の株主から株式を買い取るか，または子会社としての必要性等によっては他の株主に所有株式を譲渡等することが推奨されることもあります。

(2)　統廃合のポイント（組織再編）

統廃合は，解散・清算・吸収合併・吸収分割等[※]によることとなります。上場時の公開価格の算定要素となる財務状況につき，たとえば吸収合併による抱合せ株式消滅差損が生じれば，特別損失とはいえ当期純利益に影響を与えます。また，組織再編が税制非適格となれば法人税等が多額に生じかねず，この場合やはり当期純利益に影響を与えるため，税制適格・非適格の判断が，重要なポイントとなります。税制適格であっても欠損金や含み損の制限がかかるか等の判断も，当然重要になります。

ちなみに，上場申請書類として会社の沿革を記載することになりますが，その会社の設立以降すべての組織再編等についても対象となることから，組織再編の理由や経緯等の記録も必要になってきます（**Q25**参照）。

（※）可能であれば，M&Aによりグループ会社から外すこともあります。

2．組織再編

顧問税理士が経営者から相談を受ける組織再編は，一般的には税制適格要件を満たすことが前提です。上場にあたって必要な組織再編も，税コストを下げるため，税制適格要件を満たすことが望まれます。

(1)　買収した会社で繰越欠損金や含み損がある場合

上場を考えている会社が，繰越欠損金や含み損等を持つ会社を買収するケースは稀ですが，シナジー効果等を考えて，買収してしまうことがあります。このような場合は，経営陣を一掃することは控えたほうが良いケースがあります。

たとえば，買収した子会社を吸収合併する場合で，その子会社の取得日（継続支配関係となった日）から合併日まで5年経過していない場合，取得日前の法人税上の繰越欠損金や含み損を引き継ぐためには，みなし共同事業要件を満

たす必要があります。

　子会社との合併であれば，上場にあたっての合併なので，通常，事業関連性要件は満たすと考えられますので，あとは事業継続要件（買収時から継続），事業比率要件（売上・資本金・従業者数等のいずれか5倍以内），事業規模要件（買収時から2倍以内）のすべてを満たすか，または，経営参画要件（買収した子会社の買収前の経営者や常務等の役職取締役等がそのまま継続して経営に従事していて，合併後もさらにそのまま継続見込み）があれば，繰越欠損金等を引き継げます。

　子会社との事業比率に大きな差がある場合や，買収後に事業のテコ入れ等をしたことで事業規模要件を満たさない場合もあり，このような場合は経営参画要件を満たすしかありません。

　そこで，繰越欠損金や含み損が少額であればともかく，そこそこインパクトのある額であれば，買収後5年間は，（株式の取得代金の一部を退職金として支払う等はせずに）買収前の経営者等にそのまま経営に従事してもらうことが有効です。

　ちなみに，買収前に役員等を送り込むようなケースは，租税回避行為とされた有名なケースがあるため，注意が必要です。

　顧問税理士としては，上場準備会社が会社を買収等する際には，将来の組織再編の可能性も踏まえて，助言等することが望まれます。

(2)　買収した会社の取得価額と純資産価額に差がある場合

①　連結決算

　上場しないのであれば，正式な連結財務諸表を作成することは，ほぼないと考えられますが，上場準備するのであれば，連結決算する必要が生じます（**Q4**参照）。

　買収した会社の子会社株式としての取得価額は，法人税上および会計制度上（個別財務諸表に限る）は，その時の買収価額に付随費用であるアドバイザリーフィーやデューデリジェンス報酬や株価算定報酬を加算した額となります。

ただし，連結決算の場合は，付随費用は取得価額に含まれずに費用として計上され，また，一時差異として税効果会計の対象とされます。

買収した子会社の取得価額からこの付随費用を控除した額と，買収した子会社の買収時の資産（識別可能な無形資産を含む）・負債を時価評価[※1]した額（時価純資産）の差額[※2]は，のれんとして計上されます。のれんの償却期間は最長20年間ですが，一般的には5年程度とされることが多く，また，通常は定額法で償却します[※3]。

監査法人から，のれんの償却について短期間で償却するように指導されると，その償却額が利益に与える影響が大きくなることがあります。そこで，のれんの有効期間について，その効果の及ぶ期間を，事前に検討しておくことが望まれます。

（※1）企業結合に関する会計基準により「取得」とされるためです。

（※2）100％子会社でない場合は，非支配株主持分を除きます。

（※3）IFRS適用会社は，のれんは償却しませんが，決算時等で減損テストを実施することで，減損損失が生じることがあります。上場準備会社がIFRSを適用することは一般的でないため，ここでは日本基準によるケースを記述しています。

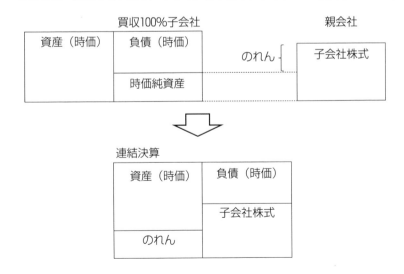

② 100％子会社の吸収合併

　親会社が買収した100％子会社を親会社が吸収合併する場合，会計制度上は，被合併法人である子会社のもつ各資産（識別可能な無形資産を含む）・負債につき買収時の時価純資産で評価して受入処理^(※1)することになり，子会社株式の取得価額^(※2)との差額はのれんとなります。

　すなわち，連結決算する時と同様に，のれんの償却に関して，事前にその効果の及ぶ期間等を検討することが望まれます。

　なお，法人税上はグループ法人税制の適用があり，また，税制適格要件を満たすことから，繰越欠損金や評価損を除き，特に問題は生じないと想定されます。ただし，会計上の帳簿価額と法人税上の帳簿価額が異なることとなり，また，法人税上ののれん（資産調整勘定等）は生じないことから，別表調整が必要になります。

（※1）子会社から受入する資産・負債は，連結財務諸表上の帳簿価額により引き継ぎます。

（※2）この場合の親会社における子会社株式の取得価額には，前記①の付随費用は含まれません。

合併（無対価）の受入

資産（連結簿価）	負債（連結簿価）
	子会社株式 （抱合せ株式）
のれん （未償却残高）	

法人税上の受入（税制適格）

資産（簿価）	負債（簿価）
	資本金等 利益積立金

子会社株式は資本金等のマイナス

差額があれば，抱合せ株式消滅差損・差益

3．株式継続保有要件・継続支配要件

　組織再編における税制適格要件に共通する考え方として，会社分割により元の会社を処分する場合や切り出された会社を株主に分配する場合を除き，基本的に組織再編時に株式保有を継続する見込みであることが求められます。

　たとえば，組織再編した子会社を上場する場合は，組織再編時において上場

できること，および売出が決定しているわけではない（上場したいという経営側の単なる要望と，実際に上場申請が承認されて上場が決定することとは異なる）のであれば，継続保有する見込みであるとの要件はクリアすると考えられます。

組織再編後に第三者割当増資を受けて支配関係の持株シェアが減少した場合は，シェアが減少したとしても，株式自体は継続保有しているため，継続保有要件はクリアしています。

また，当初は100％子会社につき継続支配し続ける予定であったものの上場準備において譲渡等しなければならなくなった場合などは，組織再編時には継続支配予定だったため，この要件はクリアしていると考えられます。

なお，証券取引所の審査が通るなど上場がほぼ確定的な状況となってから組織再編を行うことは，通常はないと考えられますが，仮にそのような時点で組織再編を行うことになった場合は，税制適格要件を満たせるかにつき，社内の会議体の議事録，稟議，メール等での検討経緯，その他経営判断に関する資料・プロセス・根拠等につき，十分な検討をすべきと考えられます。

Q25 ホールディング化

主幹事証券会社から，上場準備中の会社のグループ会社の資本関係が複雑なので，組織再編してホールディング会社を上場させたらどうかと提案されました。どのようなケースでどのような組織再編がよいか，留意点も含めて教えてください。

ケースごとに株式移転，株式交換，株式の現物分配，会社分割（分社型分割）またはこれらの組合せが考えられます。ただし，税務コストをできるだけ抑えるように税制適格要件をクリアすべきです。不動産の移動には登録免許税等のコストもかかるためできれば避けます。税務以外でも，許認可事業等について，組織再編による影響が生じないか確認が必要です。

解説

1．沿革

上場申請書類には，その会社の沿革を記載します（**Q24**参照）。ホールディング会社を新規設立した場合は，事業子会社の沿革も記載することになります。また，組織再編についても審査対象となるため，その組織再編をすることになった理由や経緯についても，記録しておくことが望まれます。あまりトリッキーな再編をすると，税務上のリスクだけでなく，審査からの質問への回答に困ることも生じてしまいます。

2．組織再編

(1) 株式移転

① 株式移転が合理的なケース

オーナー経営者が，直接複数の事業会社を支配下に置いている場合で，それ

らの事業会社が相互に事業上の影響や取引等があるときは，その中の1社だけを上場するとなると，関連当事者間取引（**第4章**参照）に該当することになるため，事実上不可能となります。事業の種類が異なったり，別会社であることの合理的理由（海外会社である等）があれば，合併することも困難です。そこでこのようなケースでは，ホールディング会社を設立して各事業会社を子会社として連結対象とし，ホールディング会社を上場させることとなります。

②　会計・資本金

このケースでは会計制度上は，共通支配下であると想定されるので，すべて簿価で処理されます。したがって，ホールディング会社の資本金は子会社の簿価純資産額となります。すべての子会社の簿価純資産が資本金となるため，そのままでは資本金が高くなり過ぎたり，登録免許税（資本金の0.7％）が高くなったりするため，資本準備金やその他資本剰余金^(※)にも計上することとします。

・ホールディング会社の会計処理

子会社株式　×××　/　資本金・資本準備金　×××

（※）債権者保護手続きを行わない場合は，その他資本剰余金に計上することはできません。そこで，その他資本剰余金に計上したい場合は，債権者保護手続きをすることになります（後記(4)②（※）参照）。なお，株式移転において法的に債権者保護手続きが必要とされるのは，子会社の新株予約権付社債を承継する場合です。

③　法人税等

ア．法人税

株式移転の税制適格要件である継続支配要件については，上場後は支配関係が継続しない可能性が高いものの，株式移転時においては上場やその時の売出

が決定しているわけではないので，クリアしていると考えられます（**Q24**参照）。

　ちなみに，子会社となる会社の株主の人数が50人未満であれば，法人税上の資本金等は，これらの子会社となる会社の株主の帳簿価額（取得費用を含む）の合計額となるため，別表調整が必要となります。

イ．贈与税等

　複数の子会社を持つことになる場合は，それぞれの株主が子会社株式１株に対しホールディング会社株式を何株割当てられるか（移転比率）について，適正な時価（**Q12**参照）による必要があります。株価が適正でないとされれば，株主間贈与が生じてしまいます。

ウ．地方税・事業税

　上場までの間，地方税の均等割[※]をより低くするためや，事業税の外形標準課税対象外とするため，前記②（※）債権者保護手続きにより，資本金を１億円とし，差額をその他資本剰余金とすることもあります。

（※）地方税上の資本金等の額は，法人税上の資本金等の額から無償減資等による欠
　　損填補額を控除し，無償増資した額を加算した額です。均等割の税率区分の基準
　　は，地方税上の資本金等の額と，貸借対照表の資本金と資本準備金の合計額のい
　　ずれか大きい額となります。

(2)　株式交換

　前記(1)のケースで，メインの事業会社を親会社として上場させることもあります。その場合，他の会社を子会社とする株式交換を行います。

　株式交換に関する留意事項は前記(1)②③に準じます。

(3)　株式の現物分配

①　株式の現物分配が合理的なケース

　前記(1)(2)によりホールディング会社（親会社）化させたとしても，孫会社ができてしまうケースがあります。このようなケースで孫会社も子会社にする必要があり，孫会社の帳簿価額が子会社の分配可能利益の範囲内であれば，孫会社の株式をホールディング会社に配当します。

　ただし，適格現物分配に該当しても，支配関係が5年経過していない場合は，子会社（配当する側）の欠損金や含み損の損金制限があるため，このようなケースでは，現物分配ではなく譲渡（譲渡する株式の帳簿価額が1,000万円以上であれば譲渡損益調整資産なのでグループ法人税制により課税なし）等の別の方法を検討したほうが良いこともあります。

　なお，子会社に分配可能利益が無く，現物分配できない場合は，子会社を事業会社と孫会社株式を持つ会社に分割型分割し，孫会社株式を持つ子会社と孫会社を合併するといったプランもあります。

②　会　計

ア．子会社側

　会計制度上は，孫会社株式を配当した子会社においては，孫会社株式の帳簿価額をマイナスすると共に（配当したので）繰越利益剰余金をマイナスします。

　その他資本剰余金も原資にした場合は，その他資本剰余金からその原資にした額をマイナスします。

繰越利益剰余金　××× その他資本剰余金　×××	子会社株式（ホールディング会社からみて孫 会社株式）　×××

イ．ホールディング会社側

受領したホールディング会社においては，子会社株式の価値が一部孫会社株式に代わっただけと考え，按分計算（子会社の簿価純資産のうちに占める孫会社株式の帳簿価額[※]）により一部の付け替えがなされます。

子会社株式（旧孫会社株式）　×××　/　子会社株式　×××	

（※）「企業結合会計基準及び事業分離等会計基準に関する適用指針」により，時価比率等で按分することもあります。

③　法人税等

ア．子会社側

適格現物分配に該当すれば，子会社においては孫会社株式の帳簿価額をマイナスし，利益積立金をマイナスします。

その他資本剰余金も原資にした場合は，按分計算（直前資本金等の額×孫会社株式帳簿価額/直前簿価純資産の額（最大1），ただし資本の払戻額を限度[※]）により資本積立金をマイナスし，残額を利益積立金のマイナスとします。この場合，会計処理とは異なることから別表調整が必要です。

利益積立金　××× 資本金等　×××	子会社株式（ホールディング会社からみて孫会社株 式）　×××

（※）100％親会社へ孫会社株式を配当する場合は，税法上は現物分配であり，株式分配（完全支配関係にある者以外の株主への配当）ではありません。したがって，利益・資本の混合配当の場合の資本の払戻額を限度とする2022年税法改正の適用があります。

イ．ホールディング会社側

受領したホールディング会社においては，配当として孫会社株式の帳簿価額をそのまま受入処理します。配当金は益金不算入となり，源泉所得税は徴収不要です。

その他資本剰余金も原資にしている場合は，子会社において前記**ア．**の按分計算により資本積立金をマイナスした額につき，子会社からの資本の払戻しとして子会社株式の帳簿価額からマイナスします。さらに差額があれば資本金等の調整額となります。

どちらの場合も会計処理とは異なることから，別表調整が必要です。

子会社株式（旧孫会社株式）　×××　/	利益積立金（受取配当）　×××		
	子会社株式　　　　　　　×××		
	資本金等　　　　　　　　×××		

⑷　会社分割（分社型分割）

①　会社分割が合理的なケース

事業会社が複数の子会社をもち，親子会社間の事業が重複等していて，親会社をホールディング会社とするようなケースや，親会社をホールディング会社としつつ，許認可等の関係で事業の一部をホールディング会社に残したいケース，不動産を所有し続けるために不動産関係の事業ををホールディング会社に残したいケースなどは，分社型分割を行うことになると考えられます。

このようなケースでは，親会社が子会社化したい事業を分社型分割で子会社化し，または既存の子会社に吸収分割させることになります。

②　会　計

共通支配下における組織再編であることから，帳簿価額による移転・受入処

理となります。

親会社においては分離する事業に係る資産・負債をマイナスし，差額を子会社株式とします。

子会社側は，受入する事業に係る資産・負債をプラスし，差額を資本金・資本準備金・その他資本剰余金[※]とします。

・親会社

子会社株式	×××	分割移転資産	×××
分割移転負債	×××		

・子会社

分割受入資産	×××	分割受入負債	×××
		資本金	×××

なお，分割対象事業に係る資産・負債を移転する結果，負債のほうが大きくなるケースもありえます。このような場合は，親会社側は子会社株式ではなく「組織再編により生じた株式の特別勘定」とし，子会社側は利益剰余金をマイナス処理します。

[※] 分社型分割において，債務を移転しない場合や，併存的（重畳的）債務引受（分割会社が連帯保証）する場合は，債権者保護手続きは必要ありません。ただし，その他資本剰余金に計上したいときは，債権者保護手続きをすることが必要になります。債権者保護手続きは公告だけでも1カ月必要なので，余裕をもったスケジュールで進める必要があります。

③ 法人税等

適格分社型会社分割であれば，法人税上の帳簿価額による移転・受入処理となります。

親会社においては分離する事業に係る資産・負債をマイナスし，差額を子会社株式とします。

子会社側は，受入する事業に係る資産・負債をプラスし，差額を資本金等と

します。

　なお，移転・受入対象となる負債に，法人税上の損金に認められていない債務（資産除去債務，各種引当金等）があれば，会計上の処理と異なることになります。この場合，移転側の親会社では子会社株式の価額を別表調整し，受入側の子会社では資本金等の額を別表調整することになります。

④　ご参考

　資産管理会社が事業を行っている場合は，事業を切り離す必要があります（**Q21**参照）。この場合，分社型分割により事業を子会社化し，この子会社を事業会社と合併させるプランも考えられます。

(5)　会社分割（分割型分割）

①　分割型分割が合理的なケース

　ホールディング会社とした後で，子会社Aの事業が別の子会社Bの事業の一部と重複するようなケースがあれば，事業を統合するため，子会社Bの事業の一部を分割型分割により子会社Aに吸収分割させることが考えらえます。なお，100%子会社間であれば，無対価吸収分割（新株を発行しない）とします。

②　会　計

　共通支配下における組織再編であることから，帳簿価額による移転・受入処理となります。

　ちなみに，分割型分割は債権者保護手続き（前記(4)②[(※)]参照）が必要です。

・子会社A（分割承継法人）

分割移転資産	×××	分割移転負債	×××
		その他資本剰余金[(※)]	×××

（※）子会社Bで減少した資本金・資本準備金はその他資本剰余金として，利益剰余金はその他利益剰余金として引継ぎ計上します。なお，無対価吸収分割なので，資本金・資本準備金は引継ぎません。

・子会社B（分割法人）

分割移転負債　××× 資本金(※)　　×××　/	分割移転資産　×××

（※）資本準備金・その他資本剰余金・利益剰余金も可能です。

・親会社

子会社A株式　×××　/	子会社B株式　×××

　子会社の帳簿価額のうち付替えする額は，移転前の純資産と移転対象の純資産の簿価または時価で按分計算します（企業結合会計基準及び事業分離等会計基準に関する適用指針295項）。

③　法人税等

　適格分割型吸収分割であれば，法人税上の帳簿価額（前記2.(4)③参照）による移転・受入処理をします。

・子会社A（分割承継法人）

分割移転資産　×××	分割移転負債　××× 資本金等(※)　××× 利益積立金　×××　/

（※）子会社Bの資本金等のマイナスと同額

　分割移転簿価純資産との差額があれば利益積立金で計上

・子会社B（分割法人）

分割移転負債　××× 資本金等(※)　××× 利益積立金　×××　/	分割移転資産　×××

（※）直前資本金等（マイナスなら0円）×移転純資産割合（最大1）

　移転純資産割合：分割直前の移転簿価純資産÷前事業年度末簿価純資産（中間申告済みなら中間申告時。資本金等（増資等）・利益積立金（現物分配等）増減があれば反映）。小数点三位未満切上

・親会社

子会社A株式　×××　／　子会社B株式^{（※）}　×××

（※）子会社B株式×移転純資産割合

Q26 ホールディングの税務戦略

上場準備中の会社の関連会社が多いため，組織再編によりホールディング会社を設立して上場することになりました。そこで，上場するホールディング会社につき，税務戦略を考えてもらいたいと社長に要望されました。すでに上場しているホールディング会社の税務戦略や税務上の留意点として，どのようなものがあるでしょうか。

A ホールディング会社の主な収入源は，事業子会社からの配当金や業務受託料です。法人税上は配当金が益金不算入になることから課税所得がマイナスになることがあり，このような場合はグループ通算制度を適用することが効果的です。

なお，外形標準課税の資本割には特例があるため注意を要します。

解説

1．収入源

上場会社は株主に対し配当することが要求されます。ホールディング会社はその会社自体で事業を行っていないケースがほとんどであることから，配当財源を事業子会社からの収入に求めることになります[※]。

ホールディング会社は，通常，グループ会社全体の統括機能として，グループの管理部門（経営企画・総務・経理財務・人事労務・法務等）を持ち，場合によってはCMS（cash management system）等の役割を担うこともあります。

そこで，ホールディング会社の主な収入は，以下によることとなります。

① 子会社からの配当金

② 子会社がすべき管理業務の受託手数料

③ CMS等による差益収入

（※）分配可能利益は配当を実施する会社の個別財務諸表等により計算されます。た

だし，連結配当規制適用会社（単体より連結ベースでの分配可能利益が少ない場合は連結ベースで分配可能利益を算定する会社）の場合は，連結財務諸表等により計算された額を限度とします。

2．課税所得

　会計上の利益が生じていても，子会社からの配当は法人税上益金不算入となることから，課税所得が0円以下となることがあります。

　たとえば，グループ全体にかかる営業戦略等に係る経営企画室等の人件費・諸経費や，ホールディング会社の事業所における固定資産の減価償却費等のコストにつき，個々の子会社に負担させないケースでは，これらのコスト分が損失になります。また，ホールディング会社のコストは固定的であることから，経営指導料として売上の〇％と設定しているようなケースでは，年度ごとの業績が安定しない場合等に損失が生じることがあります。

3．グループ通算制度

　子会社のうち，赤字会社が生じる可能性が高い場合はもちろんですが，ホールディング会社の課税所得がマイナスになる可能性が高い場合も，グループ通算制度の導入により，グループ全体の納税額を抑えることができます。

　また，外国税額控除や研究開発税制については，グループ全体で限度額を算定することになるため，赤字法人における海外での源泉徴収税や研究開発費がある場合は，税額控除が全体として増える可能性があります。

　ただし，グループ通算制度は，適用開始時だけでなく，M&A等による子会社の売買時にも，時価評価課税と欠損金切捨ての適用がありえる[※]ため，今後の事業戦略によっては，適用しないほうが良い場合もあります。

　グループ通算制度は遡って適用できないため，また，いったん適用したら原則継続しなければならなくなるため，顧問税理士としては，中長期経営計画や事業計画を前提に，処理の煩雑さも含めてメリットがあれば，同制度の適用を提案すべきと考えられます。

（※）適格組織再編の適用要件を満たしていれば時価評価課税されず，共同事業要件等を満たしていれば欠損金は切捨てされません。

4．外形標準課税

資本金1億円超の会社の事業税は，外形標準課税が課されます[※1]。上場時は公募増資するため，外形標準課税の適用は避けられません。

通常の事業税は所得割に対して税率を乗じて算定しますが，外形標準課税は，所得割に対する税率を抑えると共に，付加価値割および資本割に対して税率を乗じて算定します。

この資本割の額は，法人税上の資本金等の額に無償増資および欠損塡補のための無償減資等を調整した額と，資本金と資本準備金の合計額のいずれか高いほうの金額をいいますが，ホールディング会社においては，この額から，総資産の帳簿価額のうちに占める子会社株式の帳簿価額の割合[※2]を乗じた額を控除することができます。

ちなみに，ホールディング会社の収益構造等にもよりますが，人件費が低い等により，通常の事業税よりも外形標準課税の方が，申告納税額が低くなることもあります。

（※1）2026年4月1日以後に開始する事業年度において，資本金と資本剰余金の合計額が50億円超の会社（非課税又は所得割のみで課税される法人等を除く）の100％子会社等のうち，資本金と資本剰余金の合計額が2億円超（資本剰余金からの配当は加算）の法人も，外形標準課税の対象となります（激変緩和措置（経過規定）等あり）。

（※2）この割合が50％以下の場合，本特例は適用されません。

この場合の子会社には100％子会社だけでなく，発行済株式の50％超の子会社も対象となります。

なお，これらの子会社への貸付金や引受した社債は，総資産の帳簿価額から控除します。

留保金課税

　上場会社となっても，特定同族会社（上位1株主グループにより50％超のシェアを占める会社）を維持しているケースがあります（**Q13**参照）。この場合，現行税制では同族会社の留保金課税の対象となるため，税負担が大きくなります。

　また，税効果会計の算定における実効税率には留保金課税は含まれないため，税務戦略上，気を付ける必要があります。たとえば，開示対象である業績予想の数値は会計制度に基づいて作成しますが，資本金が1億円を超える特定同族会社では，繰延税金資産と実際の納税額には差異が生じるため，顧問税理士としては忘れず指摘したいところです。

Q27 上場前のM&A

　上場にあたって売上・利益をさらに拡大するため，M&Aをすることになりました。主幹事証券会社から，内部統制の整備の必要性や潜在リスクを回避するため，M&Aを上場後に延期するか，または，対象会社を子会社としてではなく事業譲受で買収するよう助言がありました。なぜ，上場直前の子会社での買収が好ましくないのでしょうか。また，子会社で取得する場合と事業譲受する場合の差異や，事業譲渡の場合の税務上の留意すべき事項としてどのようなものがあるでしょうか。

A　上場直前のM&Aで取得した子会社についても内部統制体制の整備が必要となるため，負荷がかかり過ぎると懸念されている可能性があります。時価純資産より取得価額が高ければ，子会社として取得した場合は連結会計上のれんが生じ（**Q24**参照），事業譲渡の場合は，単体の財務諸表においてのれんが生じます。

　法人税上は，子会社株式の取得に関してのれんは生じませんが，事業譲渡の場合は資産調整勘定が生じます。このような場合，事業計画策定上の税額計算に影響が生じることがあります。

解説

1．上場前のM&A

　上場準備会社だけでなく，連結会計の対象となる子会社についても会計監査の対象となり，上場後は内部統制報告書の範囲に含まれ，監査の対象となります（**Q6・Q7**参照）。すなわち，上場準備会社である親会社同様，内部統制の再構築・整備が必要となり，内部監査等も必要となります。ところで，非上場会社においては，社内規程・ルールは人事規程以外明文化されておらず，組織体制もトップ以外は実質平社員のようなケースも多々見受けられます。そのような会社を上場直前にM&Aで買収するとなると，上場までの非常にタイトな

期間で内部統制体制を構築・整備等する必要が生じます。上場準備会社自身が内部統制の整備等に追われる中で，さらに買収した子会社についても急ぎ対応が必要となると，よほど規模の小さな会社の買収でない限り，上場時期を延期しましょうということになりかねません。ちなみに，自社で設立した子会社についても数が非常に多い場合には，内部統制の有効性等につき，コントロールしきれないと判断されることもあります。

　実際，多数の子会社を持つ会社が，上場直前にM＆Aした子会社の影響も含め上場後最初の事業年度において業績予想を大幅に下方修正することとなり，さらに海外子会社における売上の過大計上が判明して金融庁から課徴金を課され，株価は上場時の5分の1まで暴落し，投資家から，能力を超える急拡大をしたのではないかと経営者の資質とガバナンスが疑問視され，主幹事証券会社と監査法人（この後契約更新せず）が適正な判断をしていたか問題とされたケースがあります。このケースはその後思い切った経営改革により短期で業績をプラスとしましたが，株価はそれほど回復していません。

　このようなケースを念頭に，主幹事証券会社は，M＆Aにより取得した子会社の内部統制の有効性を懸念し，上場準備会社内部に事業を取り込むことで，既に構築しつつある内部統制体制に吸収することができ，また，M＆A対象会社の会社としての潜在リスク^(※)を切り離して必要な部分だけを受入することができる事業譲渡を，助言したものと考えられます。

　とはいえ，最速で上場するか，それとも，リスクを承知でM＆A等によりバリューアップしてから上場するかは，経営判断しだいです。

（※）　M＆A時に財務等デューデリジェンスを実施したとしても潜在リスクの可能性を払拭するすることができなかったり，リスクヘッジのために売買代金の一部をプールする等の条件付き契約をした場合には金額的な不確定要素が残ったりします。

2．のれん・資産調整勘定

(1)　会計制度上ののれん

　M＆Aによる買収価額は，通常，対象会社の簿価純資産より高くなります。

これは，資産に含み益があるだけでなく，超過収益力（のれん）の価値を含めて企業価値を評価することが多いためです（**Q12**参照）。

会計制度上は，会社そのものを買収した場合，個別財務諸表においては子会社株式として計上されますが，連結財務諸表においては子会社株式のかわりにその会社の各資産・負債を時価で評価して計上し^{（※）}，さらに差額があれば，のれんとして計上されることになります（**Q24**参照）。

事業譲渡の場合は，直接その事業に係る各資産・負債を時価で取得することとなるため，個別財務諸表において各資産・負債を時価で計上します。譲渡対価との差額はのれんとして計上されます。

（※）譲渡対象となる資産には，識別可能な無形資産（ブランド，顧客リスト，ライセンス，ノウハウ等）を含みます。M&Aにあたっては，無形資産の有無および評価配分（PPA）につき，監査法人等から検証することを要望されます。

⑵　法人税上ののれん（資産調整勘定）

会社そのものを買収した場合，子会社株式として計上されます。

事業譲渡の場合は，事業譲渡の対象となる各資産（識別可能な営業権等の無形資産を含む）・負債を時価で取得することになりますが，会計制度上のみ計上され，法人税上では損金処理できない引当金等は計上することができません。ただし，退職給付債務引受額（退職給付引当金）および短期重要債務見込額（3年以内に発生する可能性が高い債務で取得資産のおおむね20%超のもの）は，計上することができます。そのうえで，譲渡価額との差額があれば，プラスであれば資産調整勘定を，マイナスであれば差額負債調整勘定を計上することとなります。ちなみに，会計制度上のみ計上される賞与引当金等は，資産調整勘定や差額負債調整勘定に含まれていることとなります。

⑶　留意事項
①　税効果会計

会計上ののれんと法人税上の資産調整勘定は，前記⑵のとおり，似て非なる

ものです。

　会計上ののれんは税効果会計の対象になりませんが，法人税上の資産調整勘定または差額負債調整勘定は税効果会計の対象となります。

　資産調整勘定または差額負債調整勘定は原則として5年間で強制的に均等償却されます。そこで，事業計画における税額予想・税効果会計の算定においては，のれんの償却ではなく，資産調整勘定または差額負債調整勘定の償却額を対象とします。

②　消費税

　事業譲渡により譲渡対象とされる各資産は消費税の課税対象となるため，事業譲渡契約における譲渡価額について，消費税込みか消費税抜きかを記載する必要があります。ちなみに，資産調整勘定も消費税の課税対象となります[※]。

（※）合併や会社分割は包括承継であるため，消費税は課税されません。したがって，同じ資産調整勘定であっても，包括承継により生じるものは課税対象外となり，現物出資や事業譲渡により生じるものは課税対象となります。

　　資産調整勘定は差額概念ですが，会計上ののれんと異なるもののその性格は類似していることから，事業譲渡における資産調整勘定は，法人税上ののれんとして消費税の課税対象になると考えられています。

③　減損損失

　M&Aにより事業または子会社として買収したことで生じたのれんにつき，その事業または子会社の業績が想定より低い場合等においては，会計上のれんを定期償却ではなく一時の減損損失として計上しなければならないことがあります。このような場合，上場を控えている事業年度において多額の損失が生じかねません。また，買収したビジネス等への理解が不足しているのではないか，であれば上場企業としてのガバナンス等が効かないのではないかといった懸念により，上場自体を延期せざるを得なくなる可能性が生じます。

　上場前のM&Aは，経営者の思い込みや理想だけでなく，事業計画の現実的な実践性の検証や経営母体が変わることによる影響への対応，問題があれば何年間で解消予定か等の検討・判断が必要になります。

第 4 章

オーナー経営者の私的取引・関係は解消しなければなりません

Q28 オーナー経営者個人と会社との取引

上場にあたって，主幹事証券会社から上場準備室のスタッフに対し，オーナー経営者と会社との取引を整理するようにいわれたとのことです。しかし，一社員であるスタッフから社長に対して直接それを伝えるのは非常に難しいので，顧問税理士である私から伝えてもらいたいと要望されました。どのような取引が整理対象とされるのでしょうか。また，どのように説得すべきか，良い事例があれば教えてください。

A 会社と，経営者・その親族等・経営者等の支配会社・子会社・資本上位会社等（関連当事者）との取引は，連結会計対象会社・持分法適用対象会社との取引を除き，原則としてすべて解消する必要があります。ちなみに，これらの取引については，もともと潜在的税務リスクの可能性があるため，その解消にも役立つと考えられます。

解説

1. 取引解消の是非

　会社と関連当事者^(※)との取引があると，会社の利益でなく関連当事者の利益になる可能性が生じます。また，会社が負担すべき損失を関連当事者が負担することで，会社の業績が粉飾気味になる可能性が生じます。そこで，経営の健全性を保持し，会社の利益または損失の流出を防ぐため，連結会計対象会社・持分法適用対象会社との取引を除き，原則としてすべての関連当事者間取引は，解消すべきとされています。

　連結会計対象会社・持分法適用対象会社以外の関連当事者との取引が，会社の事業において必須であり，取引条件が妥当であれば，解消しなくてもよいと考えたくなるかもしれませんが，取引条件が妥当であったとしても，その関連当事者に利益が移転する事実は変わらず，また，そもそもその関連当事者でな

ければできない取引があれば，会社にとって事業を左右する重大な影響力となりかねないため，その親密性を考慮し，その関連当事者も含めて（連結対象会社等として）上場すべきと考えます（**Q24**参照）。

　そこで，上場後は関連当事者間取引につき開示等することで認められたとしても，新規上場時においては，連結会計対象会社・持分法適用対象会社との取引を除き，すべて解消するよう主幹事証券会社から指導されます。

（※）関連当事者等

　　会計基準（「関連当事者の開示に関する会計基準」「関連当事者の開示に関する会計基準の適用指針」）で定められています。また，以下の「財務諸表作成会社」とは，上場準備会社のこととなります。

①　親会社

②　子会社

③　財務諸表作成会社と同一の親会社をもつ会社

④　財務諸表作成会社が他の会社の関連会社である場合における当該他の会社（以下「その他の関係会社」という。）並びに当該その他の関係会社の親会社及び子会社

⑤　関連会社及び当該関連会社の子会社

⑥　財務諸表作成会社の主要株主（保有態様を勘案した上で，自己又は他人の名義をもって総株主の議決権の10％以上を保有している株主）及びその近親者（二親等以内の親族[注]）

　　（注）配偶者，父母，兄弟姉妹，祖父母，子，孫及び配偶者の父母，兄弟姉妹，祖父母並びに兄弟姉妹，子，孫の配偶者

⑦　財務諸表作成会社の役員（取締役，会計参与，監査役，執行役又はこれらに準ずる者）及びその近親者

⑧　親会社の役員及びその近親者

⑨　重要な子会社の役員及びその近親者

⑩　⑥から⑨に掲げる者が議決権の過半数を自己の計算において所有している会社及びその子会社

⑪　従業員のための企業年金（企業年金と会社の間で掛金の拠出以外の重要な取引を行う場合に限る。）

2．対象となる取引

前記1．により，会社と，連結会計対象会社・持分法適用対象会社以外の関連当事者との間におけるすべての取引が対象となり，解消する必要があります。

取引とは，対価の有無にかかわらず（すなわち有償であっても無償であっても）資産や債務の移転，役務の提供をいいます。関連当事者が第三者のために会社との間で行う取引や，会社と第三者との間の取引で関連当事者が当該取引に関して会社に重要な影響を及ぼしているものも含みます。

顧問税理士として，法人税における役員賞与として否認される可能性のある取引につき，経営者にその税務リスクを説明してそのような取引を実行しないように助言することもあるかと思いますが，そのようなケースだけでなく，たとえば，以下のような取引も対象となります。

- 会社が役員に対し資金を貸付している場合（銀行からの調達金利と同率以上の金利でも）
- 役員が会社に資金を貸付している場合（金利なしでも）
- 役員が会社の銀行借入につき債務保証している場合
- 会社が役員に社宅を貸付している場合（法人税上損金と認められる金額であっても）
- 大株主の配偶者が役員に就任している場合

このうち，役員が会社の銀行借入につき債務保証することについて，経営者保証を外す動き（金融庁「中小・地域金融機関向けの総合的な監督指針」，日本商工会議所・全国銀行協会「経営者保証に関するガイドライン」）もありますが，まだ残っているケースが多くみられます。このようなケースでも，一般的には，上場申請前に金融機関に説明することで，個人保証を外してもらえます。

また，大株主の配偶者等といった親族役員について，その実態が名目的でなく，就任理由が親族だからというわけでなく能力によるものであって，経営の重要な役割を担っている等の説明により例外的に認められる可能性もありますが，親族が役員を継続するためのハードルは，相当厳しいものとなっています。

3．連結会計対象会社・持分法適用対象会社との取引

　連結会計対象会社・持分法適用対象会社との取引により生じる資産・負債・資本・損益は，連結財務諸表において合算・通算等されるため，基本的に解消まで要請されません。ただし，その取引自体の必要性の有無・取引条件・価額等の妥当性については審査対象となるため，場合によっては取引の解消や取引条件の見直しが必要となります。また，たとえば親子会社の代表取締役を兼務する場合の親子会社の取引は，会社法上の利益相反になること，また，上場準備会社の取締役として専任できる状況にないとされた場合には，子会社の役員を改選する必要が生じることもあります。

　なお，存在意義に欠ける子会社等の統廃合（**Q24**参照）など，関連当事者そのものの見直しが必要になることもあります。

4．経営者等への説明

　オーナー経営者との取引の解消については，市場における公平性の見地からも，新規上場のために必須であること，上場時の売出による創業者利得等により，今まで会社から提供を受けていた役務等を個人で支出すべきこと，上場後は適正な取引であれば開示することで一定程度認められることを説明することで，納得いただくしかありません。

　オーナー経営者についてはその立場等もあって理解いただける可能性が高いのですが，問題は，本人ではなくその親族等との取引の解消です。上場による利益が得られない（株主でない）場合は，取引の解消に難色を示す可能性が高くなります。そのような場合は，オーナー経営者がその親族等に対して個人的な金銭的支援等を行うことでしか解消できないこともありえます。

　このような場合，顧問税理士としては，オーナー経営者に直接説明するだけでなく，その親族等の理解を得られるための手段を，オーナー経営者と共に検討する必要が生じます。

Q29　オーナー経営者個人と会社との債権債務

上場にあたって，主幹事証券会社から上場準備室のスタッフに対し，オーナー経営者と会社との債権債務を解消するようにいわれたとのことです。そのスタッフから，解消の必要性をオーナー経営者に説明するにあたって，解消方法も含めて伝える必要があるものの，オーナー経営者個人の資産等について知らないので，顧問税理士である私から伝えてもらいたいと要望されました。解消方法として，どのような事例がありますか。

A 会社がオーナー経営者に貸付している場合は，オーナー経営者の所有する資産（会社の株式を含む）を適正な価額で処分して資金をねん出し，返済してもらうことになります。会社がオーナー経営者から借入している場合は，現物出資（DES）等により，株式に変換してもらうことが考えられます。

解説

1．会社に債権がある場合

非上場会社の同族会社においては，経営者等に対し，債権がある場合が多くみられます。貸付金だけでなく，その貸付金に係る金利の未収入金や，個人的な経費の立替金や，旅費精算が遅れていることによる仮払金なども，解消の対象となります。

解消はできるだけ早いタイミングが望まれますが，遅くとも主幹事証券会社の審査部審査（**Q6**参照）の開始前（申請期の前期中）に解消する必要があります。

金額が少額であれば役員報酬から天引きすることで解消できますが，ある程度の額になると，それでは到底間に合わないことがあります。そのような場合は，オーナー経営者の所有する資産を売却する等して，資金を捻出してもらわ

なければなりません。

　顧問税理士であってもオーナー経営者個人の確定申告の委任を受けていなければ，収入は会社からの役員報酬しかわからず，財産債務調書の提出義務がなければ預貯金残高などもわかりません。

　そのような場合，確実にいえることは，所有する上場準備会社の株式を売却することです。ただし，N－2期以降の株式移動は開示・審査対象となり（**Q11**参照），新たに株主になる人は誰でもよいというわけには行かず，株価も適正価額である必要があります（**Q12**参照）。そこで，株式を保有することが経営責任上望ましいとされる取締役や，従業員持株会があれば持株会（**Q18**参照）や，取引先等に譲渡することが考えられます。なお，金融機関の融資がつけば，資産管理会社に譲渡することも一計です（**Q23**参照）。

2．会社に債務がある場合

　会社の経営が厳しい時代にオーナー経営者個人が会社に貸付し，金利も取らずに，または低金利で，返済されずにそのままになっていることがあります。また，過去における不適正な取引を解消するにあたって，オーナー経営者が穴埋めしたことによる債権がある場合もあります。

　会社に資金があれば返済すればよいだけのことですが，上場に向けて諸経費負担や設備投資等に充てる必要があれば，返済は困難となります。

　そのような場合，貸付金を現物出資（DES）することが考えられます。業績不振の場合の（債務免除益の発生リスクのある）DESとは異なり，貸付金額をそのまま会社の株価（**Q12**参照）で除して発行株式数を算定することができます。これにより，オーナー経営者の保有株式数が増えるので，新規上場時の売出に充てることで回収することも期待できます。

Q30 特別利害関係者等の株式移動等

　上場にあたって，主幹事証券会社から上場準備室のスタッフに対し，オーナー経営者の特別利害関係者が会社の株主となった経緯等につき，確認するようにいわれたとのことです。しかし，一社員であるスタッフでは，特別利害関係者に該当する株主が現在も過去もいるのかどうか知らず，社長に対して直接それを質問するのは非常に難しいので，顧問税理士である私から聞いてもらいたいと要望されました。特別利害関係者とはどこまで対象とされるのでしょうか。また，社長のプライベートなことになるため，特別利害関係者に関する情報はできるだけまとめて一度に入手したいのですが，上場にあたって他にも必要な情報はありますか。

　オーナー経営者や役員の家族等のほか大株主等（特別利害関係者等）が，株主であったこと・株主となったこと等，及び株式や新株予約権の移動について，その移動の理由・価額等に関する事項が開示対象となり，審査対象となります。

　また，オーナー経営者と親族等の関係にある役員・従業員等やその関係会社についても，申請対象とされます。

解説 ···

1．特別利害関係者等

　役員やその配偶者・二親等内の血族等を特別利害関係者等(※)といい，関連当事者（**Q28**参照）と重複する個人・法人もあります。

（※）特別利害関係者とは①～⑤までをいい，特別利害関係者等とは①～⑩までをいいます。

　　①　役員（役員持株会，取締役，会計参与（会計参与が法人であるときはその職務を行うべき社員），監査役又は執行役（理事及び監事その他これらに準ずる

者を含む））。

② 　①の配偶者，二親等内の血族

③ 　①②の者により議決権の過半数を所有されている会社

④ 　③の会社の関係会社

⑤ 　④の会社の役員

⑥ 　大株主上位10名

⑦ 　人的関係会社（人事・資金・取引等により実質的に支配している・されている会社）

⑧ 　資本的関係会社（会社や①～⑤の者が議決権の20％以上を実質的に所有している・されている会社）

⑨ 　⑦⑧の会社の役員

⑩ 　金融商品取引業者・その役員・人的関係会社・資本的関係会社

2．株式等の移動状況

　上場申請期の前期末の2年前（N－2期の期首）から申請時までの期間における特別利害関係者等の株式・新株予約権の売買・権利行使については，開示対象となり（**Q11**参照）審査対象となります。記載内容は以下のとおりです。

(1)　移動日

(2)　移動前・移動後の所有者名

(3)　(2)の住所，会社との関係

(4)　移動株数・株価（単価）

(5)　移動理由

　特別利害関係者等に該当するか否か[※]，株式の移動等の時点では不明なこともあります。そこで，上場申請期の前期末の2年前から申請時までの株式の移動については，すべてそのつど前記(1)～(5)につき記録しておくと共に，株価や売買等の理由も確認しておくことが望まれます。

（※）移動後の者とオーナー経営者が結婚・離婚等することもあります。

3．役員等の親族等に関する情報

　特別利害関係者等の株式等の移動だけでなく，以下の内容についても申請対

象となるため，オーナー経営者だけでなく役員からも情報を入手しなければなりません。ただしオーナー経営者や役員自身が知らないこともあるため，役員やその親族等の負担を考慮し，必要性を理解いただき早めに依頼することをお勧めいたします。

(1) 親族関係

役員や役員に準ずる者（執行役員，相談役，顧問等）が，以下の者との間で配偶者や二親等内の血族・姻族^(※)の関係にある場合は，その関係性（○○の配偶者，××の母など）を申請する必要があります。

① 他の役員や役員に準ずる者

② 大株主（上位15名程度）

③ 従業員

たとえば，役員の子供が誰も知らず実は従業員として入社していたといったこともあるため，人事部や役員本人に直接インタビューする必要があります。

（※）二親等内の血族・姻族の範囲は以下のとおりです。

　　両親，子供，子供の配偶者，祖父母，孫，孫の配偶者，兄弟姉妹，兄弟姉妹の配偶者，配偶者の両親，配偶者の祖父母，配偶者の兄弟姉妹，配偶者の子供，配偶者の孫

(2) 支配会社の内容

役員や役員に準ずる者，これらの配偶者・二親等内の血族・姻族が，議決権の過半数を所有している会社・子会社については，以下の内容を申請する必要があります。

① 株主構成（上位5名の持株数・シェア）

② 事業の内容

③ 所在地

④ 役員構成（上場申請会社との兼任があれば報酬・賞与額も）

⑤ 従業員数

⑥　決算期

⑦　総資産（直前事業年度）

⑧　売上高（直前事業年度）

⑨　経常利益（直前事業年度）

⑩　当期純利益（直前事業年度）

　たとえば，役員の配偶者の父親や母親が別の会社を経営している場合，原則として申請対象となります。こういったケースで，その役員もその会社の決算書を見せてもらえないことがありますが，上場申請会社と取引がある場合はその解消を求められる可能性があります（**Q28**参照）ので，親族でない第三者の顧問税理士が，守秘義務を前提に，決算書等を渡すよう説得することも，効果的です。

Q31 親族役員の辞任

　上場にあたって，主幹事証券会社から，役員間で親族にあたる人がいれば，原則として辞任してもらうといわれたそうです。社長の配偶者が取締役に就任しており，会社設立当時は総務や経理事務を差配していましたが，現在は月に１〜２回程度会社に来て，古参のスタッフの良き話し相手になっている程度です。配偶者は社長と一緒に会社を設立して成長に寄与してきたとの自負があるとのことで，社長から，旧知の顧問税理士である私から配偶者に辞任するよう説得してもらえないかと要望されました。説得する良い方法があるでしょうか。

A 資金的な説得方法としては，配偶者の会社への貢献度を鑑みて，適正な範囲内で役員退職金を支払います。場合によっては，社長から株式を贈与してもらってその納税資金に退職金を充当する，といったことが考えられます。

解説

1．役員退職金

　役員退職金規程（内規）があれば，その規程に従って退職金額を算定し，株主総会の承認を得て，辞任と共に退職金を支給します。なお，ここではもちろん，法人税上の過大役員退職金に該当しない金額内とすることが求められます。ちなみに，過大な支給額となった場合，法人税上は自己否認すればペナルティなく単に損金不算入として本税を多めに払うだけのことになりますが，上場審査上は，そもそもそのような過大な支給額を支払うことになった経緯（役員退職金規程に従っているか，役員退職金規程が妥当でない可能性があるか，株主総会での決議は適正であったのか等々）が問題視されることもあります。

２．株式

　その配偶者がすでに株主であったとしても，さらに保有株式数を増やして，新規上場時の売出による創業者利得を得ることが考えられます。

　たとえば，取締役として活躍していたのであれば，ストックオプションを割当（付与）することも可能です（**Q14**・**Q16**参照）。

　また，社長から株式を譲渡してもらうことも可能です。ただし，その時点ですでに株価が高くなっている場合，取得可能な株式数はごくわずかになることも考えられます。そのような場合は，株式を贈与してもらうことも考えられます。売買価額が高くても贈与税の評価額が低い可能性もあり，また売買代金を支払うよりも贈与税を負担したほうが，移せる株式数は増えます。贈与税の納税額は受領した退職金で支払うか，上場後に贈与税の納税期限をむかえるのであれば売出^(※)による受領額で支払うことも考えられます。

　ちなみに，贈与税の課税価格となる株価評価について，公募増資・売出における公開価格が決定している時期であれば公開途上にある株式（財産評価基本通達174）として公開価格により評価されます（**Q12**参照）が，ご質問の内容から見て，まだその時期には当分間がありそうなので，財産評価基本通達により評価した額で問題ないと考えられます。

（※）申請期の直前期以降に第三者割当等により株式を取得した場合は制度上のロックアップが適用となるため，上場後6カ月（所有期間が1年未満の場合は1年経過後）は譲渡できません（**Q14**参照）が，贈与による移動については適用対象外のため，開示・審査対象になるものの（**Q30**参照），売出することは可能と考えられます。ただし，贈与した株式が，もともと所有していた株式ではなく直前期以降に第三者割当増資により取得した株式である場合は，制度上のロックアップに該当するため売出できません（ロックアップ対象の株式は贈与しても，受贈者側でロックアップされます）。

Q32　過去の私的取引

監査法人からの指示で，上場準備中の会社の過年度の会計処理で妥当で
ないものがあったことから遡及処理をしています。その処理にあたって，
オーナー経営者が負担すべき個人的な経費を会社が負担していたことが判
明しました。既に税務調査が完了した事業年度と，まだ税務調査されてい
ない事業年度にわたって発生しています。この場合，どのような税務処理
をすべきでしょうか。

A　税務調査の有無にかかわらず，自主的に修正申告すべきです。上場前に
税務調査で重加算税が課されれば，上場準備作業の中止や延期が検討さ
れることになります。また，重加算税が課されなくても，オーナー経営
者の経営者としての資質が疑われることになりかねず，その場合も中止
や延期になりかねないため，速やかな解消が望まれます。

解説

1．個人的な経費の付替え

経営者は，内部統制・内部管理体制の外^(※)にいるため，自身で社内体制を
順守しない限り，不正が生じる可能性が高くなります。たとえば，個人的な経
費を会社の経費として精算するよう指示した場合，業務執行最上位の者である
経営者に対して誰も拒否権限がないことから，そのまま会社の経費として処理
されてしまいます。このような場合，法人税等や消費税において帳簿の改ざん
等を命じたとして，重加算税等が課されることになります。

顧問税理士としては，経営者に対し日頃から注意を促していても，「発覚し
ないかもしれないし，仮に発覚したら納税すればいいだろう」「（他の人が何と
いおうと自分にとっては）会社の経営に必要な経費であり私的な経費ではな
い」として，助言・忠告が無視されてしまうケースに手を焼いていることもあ

るかと思います。

　犯則事件になるような規模でなく，また，経営者が大株主であれば株主から
経営責任を追及されることもなく，負担額が大きいものの重加算税等のペナル
ティを支払いさえすれば，税金としてはそれで解決してしまいます。

（※）内部統制体制とは，経営者が適正に経営するための仕組みであるため，たとえ
　　　内部統制体制が適正に構築・運営されていたとしても，経営者自身が判断を誤っ
　　　たり，不注意によるミスをしてしまったりすることを防ぐことはできません。

2．重加算税のリスク

　重加算税が課されるということは法令順守していないということであり，法
令順守がなされていない場合は上場会社として不相当であるとして，上場する
ことはできません。したがって，重加算税が課される可能性はすべて排除すべ
きです。

　過去に重加算税が課されていた場合でも，その発生要因等を分析して再発防
止体制がとられていることが確認できれば，上場審査にあたって問題視されな
いこともあります。

　しかし，経営者自身による行為が発生要因である場合，内部統制体制の対象
の外であり，そもそもそのような公私混同を行う人物が，上場会社の経営者と
しての資質に欠けるのではないか，として上場中止または延期とされてしまう
可能性が生じます。

　そこで，税務調査による発覚前に経営者の個人経費の付替えが発見されたの
であれば，速やかに自主的に修正申告すると共に，再発防止策を構築すること
を，強く推奨します。また，たとえ税務調査が完了した事業年度においてもそ
のような事実を発見したのであれば，修正申告すべきです。なぜなら，直前の
税務調査対象事業年度後の事業年度において個人的な経費が付替えされていた
として自主的に修正申告したのであれば，修正申告の対象以前の事業年度にお
いてもそのような事実があったかどうか[※]，税務調査の結果に関係なく，審
査対象とされるからです。

　ちなみに，役員賞与とした場合は法人税等・消費税の修正だけでなく源泉所得税および不納付加算税がかかるため，貸付金として処理することもありますが，役員貸付金は速やかに解消しなければなりません（**Q28・Q29**）。

（※）証券取引所の審査が通るように，主幹事証券会社の審査部は同社の引受部を経由して上場申請会社に対し，第三者による意見書を要請することがあります。その場合，意見書作成にあたって，社内の稟議書等だけでなく，デジタルフォレンジック調査（メール，SNS等の調査）も行うことがあります。その結果，経営者から経理スタッフ等に対して不正な指示がなされていることが明らかになれば，上場審査のハードルは非常に高くなります。

3．経営者の趣味等で取得した資産

　経営者の趣味により会社で取得したスポーツカー等がある場合，法人税上は資産計上していることから，直ちに否認されることはありません。経営者個人しか使用していない場合でも経営活動において使用しているとされる限り，ガソリン代・車庫代等は会社の経費として損金処理が認められます。

　しかし，新規上場にあたって，会社の経営に不必要な資産があれば，財務上の各種指標等に影響が生じかねず，また，会社を私物化しているとされかねません。投資のための所有であれば定款にその事業目的が記載されているはずであり，利回り等によるその必要性が合理的に説明できなければ，適切な処分が求められることがあります。

　なお，高級リゾート会員権等についても，会社の福利厚生として利用されていると認められなければ，年会費等は法人税上役員賞与として否認されますが，これについても新規上場にあたっては審査対象とされることもあるため，注意を要します。

　このように，法人税上役員賞与として否認されるケースは，新規上場においても審査および解消対象とされるため，顧問税理士としては指摘・是正しやすいと思われます。また，審査においては法人税よりも厳しいことを経営者に説明し理解いただける立場でもあるのです。

法令順守

●未払残業代

　新規上場にあたって法令順守は必須です。そこで，税については重加算税が課されていないか確認されるわけですが，他にもありがちな行為として，著作権法違反（書籍等を承諾なくコピーして社内回覧等していないか）や，労基法違反（未払残業代があるか）等も審査対象となります。

　未払残業代がないことの証明は，申請会社が行うことになるため，第三者の意見書（労務デューデリジェンス）が必要となります。残業代の時効は現在3年であるため上場申請期の前3年間において未払残業代の有無を検証する必要が生じますが，いずれ他の民法上の時効同様5年に延期されれば，5年間になる可能性があります。この間，仮に退職者^(※)に未払があって現在所在不明等であると未払残業代を支払うことができず，場合によっては時効が成立するまで上場申請できない可能性が生じます。

（※）未払残業代等がないことにつき退職者の承諾書を求められることがあります。

●議事録の整備

　会社法についても，当然法令順守が求められます。オーナー経営の同族会社の場合，登記に必要な株主総会議事録等しか作成していないことがあります。そのような場合は，過去3年（重要な取引等があれば5年程度まで）に遡って，毎期の決算承認の株主総会議事録や，金額的に重要な資産の取得・取引等に関する取締役会議事録を整備する必要が生じます。仮に定款で，株主総会議事録につき代表取締役だけでなく出席取締役等の署名や押印を定めている場合で，すでにその取締役が退任していたりすると，遡って作成することが困難になります。いずれ上場したいと考えている会社においては，早い時期から議事録等の作成を心掛けたいところです。

第 5 章

会計基準等の変更による影響

Q33　遡及会計の理由

　上場準備中の会社において，監査法人の指示で会計基準を見直したところ，引当金を新たに積む必要が生じたとのことです。これに伴い，過年度の決算もやり直す必要が生じたとのことで，社長から，顧問税理士である私に対し，今まで会計処理を検証してもらっていたのになぜやり直す必要が生じたのかと不満気に聞かれました。私もなぜ過年度の決算をやり直す必要が生じたのか理由がわかりません。また，社長の不信感に対しどのように説明すればよいでしょうか。

　会計監査を受けたことで会計基準等を改定した場合，改定した時点で一時の多額の費用等が生じることがあります。このようなケースでは経営指標の推移を開示するにあたって，業績が一時的に悪化したように見えるため，投資家が誤解しないように過年度決算を遡及処理します。また，経営者には，いわゆる税務会計と財務諸表規則等による会計の相違点を理解いただく必要があります。

解説 ……………………………………………………………………………………

1．有価証券報告書

　新規上場の申請書類として，東京証券取引所のグロース市場はIの部，スタンダード市場・プライム市場はIの部およびIIの部が必要になります。

　Iの部は新規上場申請のための有価証券報告書であり，目論見書（有価証券の募集・売出の勧誘文書）や有価証券届出書（金融庁への届出）と同様に公衆縦覧の対象となり，投資判断にもちいられます。

　このIの部には，冒頭（主要な経営指標の推移）で，上場申請期の直前5期分（事業年度変更があれば6期分）の業績のサマリー[※]が記載されます。

　（※）売上高，経常利益，当期純利益，持分法適用後の投資利益，資本金，純資産額，

総資産額，1株当たり配当額，1株当たり当期純利益，自己資本比率，自己資本
利益率，営業活動・投資活動・財務活動による各キャッシュ・フロー，現金・同
等物の残高，発行済株式数，従業員数など

2．過年度遡及処理

　過年度の修正は発見（指摘）された事業年度の決算において反映させること
になります（**Q7**参照）。ただし，その金額が多額になると，指摘された事業
年度の業績に著しい影響を与えかねず，また，前記1.の業績のサマリーに異
常値が含まれることから，財務分析にあたって誤解が生じかねません。

　たとえば引当金の場合，引当が必要と指摘された事業年度において一度に計
上すると，その期の損益において引当金の額が全額マイナスになってしまいま
すが，過年度に遡って引当処理をすれば，各期において前期末引当金との差額
を損益計上することとなるため，修正額がある程度平準化されて，指摘された
事業年度だけに影響が生じることを避けることができます。そこで，（監査法
人の会計監査の対象事業年度よりも前の損益については，監査対象外ですが）
前記1.の業績のサマリーの開示対象期間よりも前の期から決算を修正し，株
主総会の決算承認をし直すことになります。

　ちなみに，この決算承認し直しの株主総会は，遡及した各期の当時の株主総
会までさかのぼって承認するのではなく，遡及処理を承認する時における株主
総会となります。

3．いわゆる税務会計

　上場を目指す前の会社の決算は，たとえばベンチャーキャピタル等のように
投資の責任を負う第三者の株主がいれば，会計監査を受けるように指示するか，
または，一定レベルの決算を実施しているか確認することもあります（**Q20**
参照）。しかし，オーナー経営者の非上場会社については大概の場合，税務上
の処理を優先的に用いた会計（いわゆる税務会計）で決算書を作成しています。
金融機関等の要請により中小企業の会計に関する指針に基づき決算書を作成し
ていることもありますが，この指針は簡便な会計処理やいわゆる税務会計を一

定程度認めています（**Q3**参照）。

4．オーナー経営者への説明

　会計基準が異なれば業績の数値も異なる可能性が生じることは，税理士であれば当然のことと理解できますが，たとえば営業出身の経営者で決算書は税務署向けに年1回作成するようなものだと認識しているような場合，会計監査を受けたことでなぜ業績が下がるのか，これはつまり今まで顧問税理士が作成していた決算書は間違っていたのではないかと勘違いしてしまうことがあります。

　このような経営者に対しては，なかなか困難ですが，以下を説明して理解いただくしかありません。

- 今まではいわゆる税務会計で処理していたこと
- いわゆる税務会計による処理は認められている処理であること
- 費用対効果からみて，オーナー経営者の非上場会社が財務諸表規則等に基づく処理をすることは現実的でないこと
- ただし上場会社になるためにはコスト等をかけて財務諸表規則等に基づく会計処理をすることになること
- これはどの新規上場準備会社でも例外なく同じ状況であること
- 財務諸表規則等に基づく会計処理をするとなると，今まで計上しなくても問題なかった各種引当金の計上や計上基準等を見直す必要が生じ，その結果，業績に影響が生じるのは想定されていること

　なお，たとえば引当金の算定ロジック等につき，顧問税理士として会社の経理スタッフに助言等することで（**Q7**参照），少しでも業績に悪影響が出ないようになれば，それが信頼回復の一助になるかもしれません。

	主要な経営指標の推移（開示）					
					会計監査対象	
会計年度	N－6	N－5	N－4	N－3	N－2	N－1
税務会計の利益	1,000	1,100	1,200	1,300	1,400	1,500
期末引当金残額				450	500	550
引当金繰入額				450	50	50
修正後利益	1,000	1,100	1,200	850	1,350	1,450
遡及会計するケース						
期末引当金残額	300	350	400	450	500	550
引当金繰入額	300	50	50	50	50	50
遡及後利益	700	1,050	1,150	1,250	1,350	1,450

遡及会計をしない場合，N－3期の利益が著しく低くなってしまいます。
遡及会計をすることで，N－5期以降は本来の利益が計上されます。

Q34 修正申告・更正の請求

上場準備中の会社において，監査法人の指導により監査対象期の前期の会計処理を見直ししたところ，原価計算のミスにより棚卸資産が過少に計上され，前期の法人税等計上額・納税額が過少であったことがわかりました。ただ，現在進行期の期末において棚卸資産は適正な額に計上予定なので，前期と現在進行期を合わせれば，納税額は正しい額となります。このような場合でも，修正申告すべきでしょうか。また，仮に前期の棚卸資産が過大に計上されていた場合でも現在進行期においてそのミスが解消されるのであれば，積極的に更正の請求をすべきでしょうか。

A 　遡及会計は法人税上の課税所得に影響しませんが，過年度の処理ミスを会計上のみ修正すると，法人税上は永久差異になってしまいます。そこで，過去の処理ミスが判明したら，たとえ前期と当期で通算することができたとしても，修正申告・更正の請求をすることをお勧めします。

解説

過年度において会計処理のミスが生じていたら，会計監査の対象期間の期首残高において正しい金額に修正する必要が生じます（**Q7**参照）。

1．修正申告・更正の請求が不要のケース

会計処理を修正しても法人税の課税所得に影響がなければ，修正申告等は不要です。

たとえば賞与引当金の引当額が間違っていても，法人税の課税所得には何ら影響がないため，会計処理のみ修正すればそれで済んでします。

ちなみに，過年度の決算の遡及処理にあたって，法人税申告書別表5(1)の利益積立金については，遡及処理の対象となった各期ではなく，遡及処理を実施

した期の期首残高の内訳を修正することとなります（利益積立金の合計額は変わりません）。繰越損益金の額を減額し，その減額の内訳を新たな各区分項目・期首残高として記載することになります。たとえば，期首残高で賞与引当金を100計上することになったのであれば，期首の繰越損益金は100を減額し，賞与引当金として期首100を計上することになります。

2．修正申告・更正の請求が必要なケース

会計処理だけでなく法人税の課税所得も修正すべきミスであれば，いわゆる税務会計での処理におけるミスなので，これは遡及会計というより当時の会計処理のミスの修正であり，法人税上も修正申告または更正の請求をする必要があります。

これは，前期末（期首残）の棚卸資産が過少計上であって，それを会計上のみ修正する（棚卸資産×××/利益剰余金×××）となると，当期の法人税申告書別表5⑴の期首残高は棚卸資産と繰越損益金の両方をプラス計上することになってしまうからです。また，期首残高を会計上のみ修正したことで，当期の売上原価は適正な額を計上していることになるため，法人税上プラスした棚卸資産を減算することができず，永久に損金処理できないことから，別表上に残り続けてしまうことになります。

もちろん，前期につき売上原価過大計上として修正申告すれば，前期の課税所得は正しく計算され，そのままだと当期の課税所得が過大となることから減算することができます。

なお，過年度の修正につき，本業の利益や経営指標等への影響が軽微な（金額的重要性が低い）場合で，修正しなくても当期において通算される額であれば，監査法人の承諾を前提に，過年度の修正仕訳そのものを行わないという選択肢もあるかと考えられます。

ちなみに，棚卸資産の評価方法を変更する場合は，その期から変更するので，期首残高の修正は不要です。

第 6 章

内部監査室・監査役と協力することは税務リスクへの対応にも有効です

Q35 内部統制・内部監査室

　会社が内部監査室を設けました。社長は，内部監査室の設置は上場のためには仕方がないと気が進まないようでしたが，半年後にはその有効性を認識したようで，顧問税理士である私にも，内部監査室の活動を伝え，税務リスクへの対応策にも役立つのではないかと協力を提案してきました。しかし私には税務リスクと内部監査の関係性が今ひとつ腑に落ちません。内部監査と協力することで，どのような税務メリットがあるのでしょうか。

A 　内部監査は，社内のオペレーションにおいて，諸規程・各種マニュアル等に従っているかを監査します。上場会社レベルの内部管理・統制体制が整備されていれば，それに従うことで不正等を防ぐことが期待でき，税務リスクも一定程度軽減できます。

解説

1．内部統制

　上場会社は，投資家等に向けて会社の財務情報等を有価証券報告書等により開示します。この有価証券報告書等における財務情報等は，当然，信頼できるものでなければなりません。そのためには，内部統制体制が必要となります（**Q3**参照）。

　内部統制とは，以下①〜④のために，⑤〜⑩の6つの要素からなる業務の遂行プロセスをいいます^(※)。

① 業務の有効性・効率性

② （財務等の）報告の信頼性

③ 法令順守

④ 資産の保全

⑤ 統制環境

⑥　リスクの評価・対応

⑦　統制活動

⑧　情報・伝達

⑨　モニタリング

⑩　IT統制

　具体的には，この６要素につき検証すべき項目（全42項目）を評価・クリアすることが必要になります。

（※）内部統制とは，「財務報告に係る内部統制の評価及び監査の基準」において，以下のように定義されています。

　　　「基本的に，業務の有効性及び効率性，報告の信頼性，事業活動に関わる法令等の遵守並びに資産の保全の４つの目的が達成されているとの合理的な保証を得るために，業務に組み込まれ，組織内の全ての者によって遂行されるプロセスをいい，統制環境，リスクの評価と対応，統制活動，情報と伝達，モニタリング（監視活動）及びIT（情報技術）への対応の６つの基本的要素から構成される。」

２．内部監査

　内部監査は，内部統制が適切に機能しているかを監査するものであり，モニタリングの一部でもあります。

　たとえば，適正な諸規程・各種マニュアル等が整備されていて，それに基づく業務プロセス（明文化されたプロセスのほか，フローチャート・業務記述書を含む。いわゆる３点セット）に従って業務が遂行されているかを監査します。諸規程・各種マニュアル等を作成して今後これを順守するよう指示を出したとしても，それが確かに順守されているか確認等する機能がなければ，内部統制が効いているか不明であり，適正な運用や必要なルール更新等は望めません。そこで，内部監査を実施することで，社内の諸規程・各種マニュアル等が現場で勝手に更新されていたり，順守しないで不適正な業務執行がなされていたりすることを防ぐことができ，すなわち内部管理・統制体制を維持することができます。

　ちなみに，内部監査のスタッフは，監査対象となる各部門・組織と利害関係

があったり，監査結果を歪めるようなことがないように，独立性・客観性が必要です（自己監査は認められません）。と同時に，自分の個人的利益のために内部監査を実施しない等の規律性も求められます。また，各部門・組織は内部監査に協力し，内部監査の結果は社長（業務執行者）に適正に伝えられる必要があります。

3．防ぐことが可能な税務リスク

　適正な諸規程・各種マニュアル等が整備されていて，適切な業務プロセスにしたがって業務がなされていれば，内部統制の目的の1つである法令違反等は起きないと考えられます。

　たとえば，承認プロセスに従わずに役員が個人的な交際費を会社に請求しているとか，会計処理マニュアルに従わずに資産計上すべき金額を費用計上しているとか，新規事業を始めたのにそれに必要なマニュアル等の整備がされておらず不適切な取引をしているといった場合，このまま放置しておくと，会社に対して不正を働いたり，会計・税務処理を間違えたり，法令違反がなされたりすることになりますが，これらは役員賞与や損金過大計上や損益計上漏れ等といった税務リスクにもなります。内部監査でこれらを発見し，取締役会等に報告することで，私的費用を弁償させたり，会計・税務処理を正したり，法令違反になるような取引を解消させる等の是正が期待できます。すなわち，内部監査により，税務調査より前に問題となる取引や処理等を解消することで，税務リスクを解消することが可能となります。

4．防げない税務リスク

　内部統制体制と内部監査が適正に機能していても，税務に関するリスクがなくなるわけではありません。税務申告に必要なデータの収集・集計ミス等といった税務リスクもあります。

　それ以外にも，たとえば内部統制の範囲外である社長の行為を要因とするものがあり得ます。上場企業であっても同族会社やオーナー色が強い会社で，業

績も順調で経営に何ら問題がなく，物言う株主もいない，といった場合は，オーナーの支配力が強く，それによりある意味ガバナンスが効いているものの，オーナー社長自身の行為を止めるべき監査役が機能せずに，暴走することがあります（**Q3**参照）。その結果，業務上とはいえない交際費の支出や，自身が実質支配する他の会社への不適切な利益流出といったことが生じた場合，税務リスクも生じることになります。

　また，従業員単独でなく，部門等といった組織ぐるみで不正をした場合は，内部統制のうち統制活動が効かなくなるため，不正が生じ，合わせて税務リスクが生じてしまうこともあります。「会社のため」「組織のため」という呪文が問題を生じさせるようなケースです。

　なお，2024年4月1日以後に開始する事業年度分から，「財務報告に係る内部統制の評価及び監査の基準並びに財務報告に係る内部統制の評価及び監査に関する実施基準」が改訂されました。これにより，たとえば「財務報告の信頼性」は，財務情報以外のサステナビリティや人材の多様性への対応等も含まれる「報告の信頼性」になります。ただし，金融商品取引法は改正されないため「内部統制報告書」においては「財務報告に係る内部統制」のままです。

内部統制

上場会社は財務報告の信頼性を義務付けられています。経営者は財務報告の基礎である「内部統制」を運用する役割と責任を有していることにつき、全責任を負うこととなります。

経営者は、企業における「内部統制」を運用・整備しなければなりません。

(*) 上場審査時には、審査担当者によるヒアリングが行われます。会社や業界について、経営者としてどのようなビジョンをもって経営にあたっているのか、上場会社となった際の投資者(株主)への対応(IR活動の取り組み方針等)、業績開示に関する体制および内部情報管理に関する体制(内部統制)について適切に回答・対応することが求められます。

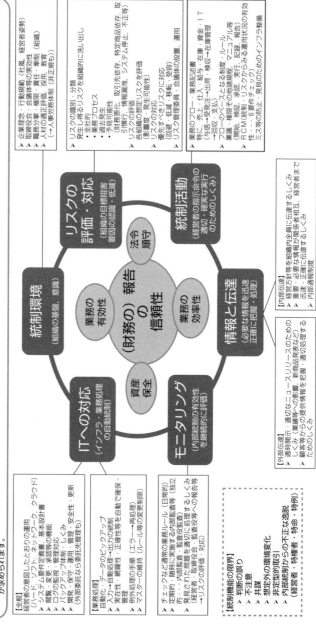

【全般】
経営者の意図したとおりの運用
▲ ハード、ソフト、ネットワーク、クラウド
▲ システム変更定義書、基本設計書
▲ 関係・変更・承認権等の機能
▲ ログの監視
▲ バックアップ体制
▲ 開発・保守・運用・管理・安全性・更新
▲ 外部委託先との委託先管理も

【業務処理】
自動化・データのピックアップ
▲ スループ・自動処理・出力の統制
▲ 実在性・網羅性・正確性を自動で確保
▲ 例外処理の手順(エラー・再処理)
▲ マスターの維持(ルール等の変更制限)

チェックなど適切な業務ルール(日常的)
定期的・随時に実施する内部監査(独立的)
▲ 内部監査・取締役会・監査役監査
▲ 発見された問題を適切に処理するしくみ
(経営者・取締役・監査役等への報告)
→リスクの評価・対応

【統制機能の限界】
▲ 判断の誤り
▲ 不注意
▲ 共謀
▲ 想定外の環境変化
▲ 非定型的取引
▲ 内部統制からの不正な逸脱
(経営者・特殊者・特命・特例)

RCM
（リスクコントロールマトリクス）

　内部統制においては，業務プロセスにおいて生じる可能性のあるリスクを洗い出し，そのリスクが生じないようにどのような統制活動を実施しているか等を一覧表（RCM）にまとめる必要もあります。たとえば，架空売上を計上するというリスクに対して，受注者が作成した請求明細を受注者の上位者である管理者がチェックして承認し，この承認された請求明細に基づき管理部門が作成した請求書を担当部門が再確認するといった統制活動等を実施することで，これを防ぐことができるとするものです。税務リスクについても，過去の不適正処理や顧問税理士が気になる点をRCMに入れることで，防止・軽減が期待できます。

　ちなみに，成功体験のある経営者の中には，リスクという言葉を聞くのも考えるのもイヤ，という人もいます。リスクが起きると困るので，困ることは起きてほしくない，考えなければ起きるわけがない，というわけです。しかし，現実にはリスクのない判断・行動・事業等はありえませんから，あえて可能性のあるリスクを（勇気をもって）考え書き出して，対策を講じることで，リスクを抑える・軽減できることになるのです。

コーポレートガバナンスと内部統制

　上場企業におけるコーポレートガバナンスとは「会社が，株主をはじめ顧客・従業員・地域社会等の立場を踏まえた上で，透明・公正かつ迅速・果断な意思決定を行うための仕組み」（東京証券取引所[※]）です。これは，企業経営全般を多面的に規制する仕組みといえます。この仕組みの基本には会社全般に対するリスクマネジメントが組み込まれており，リスクマネジメントの機能は内部統制によってもたらされているといえます。

（※）コーポレートガバナンスコード　基本原則
　(1)　株主の権利・平等性の確保
　(2)　株主以外のステークホルダーとの適切な協働
　(3)　適切な情報開示と透明性の確保
　(4)　取締役会等の責務
　(5)　株主との対話
　　詳細は，東京証券取引所のサイトで閲覧できます。

Q36　内部監査と監査役

　上場にあたって，会社が社外から常勤監査役を招致しました。今までの監査役は会計だけを見ていましたが，今後は内部監査室と情報共有しながら，取締役にも意見するとのことです。顧問税理士である私と名刺交換した際，その常勤監査役から，積極的に意見交換したいと要望されました。しかし私には，税務と上場会社の監査役の関係性が今ひとつ腑に落ちません。監査役と協力することで，どのような税務メリットがあるのでしょうか。

 A　監査役は取締役の職務執行に対して監査を行います。そのため，会社の業務執行から独立した立場で，内部管理・統制体制についても監視・検証する権限を持ちます。そこで，内部監査室と共同して業務監査をすることもあり，リスク（税務リスクを含む）への対応が求められるため，顧問税理士の協力が有効と考えられます。

解説··

1．監査役の監査の範囲

　取締役会設置会社で会計監査を受けていない株式譲渡制限会社においては，監査役の監査の範囲を会計のみに限定することができます。この場合，定款にその旨記載し，登記する必要があります。

　上場準備にあたって会計監査を受けることになる（会計監査人設置会社）か，または監査役会設置会社になれば，会計限定を外して業務監査も実施することになります。監査役の業務監査とは，取締役の職務執行が法令・定款等を順守しているかどうかの適法性監査をいい，取締役の判断において善管注意義務がなされているかの監査も含まれます。

　監査役の作成する会計監査と業務監査の結果を反映した監査報告は，定時株

主総会の招集通知に添付されます。

2．監査役の監査業務

　監査役は取締役の職務執行を監査するため，取締役会への出席を義務付けられています。また，会社の業務や財産の状況をいつでも調査できるとされていますが，実務上は内部監査室の協力を得て，社内の情報を収集・確認し，経営上の問題がないかを監査します。ちなみに，会計監査も監査範囲に含まれていますが，監査法人等の監査を受けるため，巨額な処理や事件等がない限り，通常は通り一遍の確認作業になってしまいがちです。

3．不適正・不正への対応

　監査役は，取締役の職務執行や内部監査の結果により，不適正・不正な事実が判明したら，取締役会を招集して防止・是正を求めることになります。取締役の不正行為の発覚や，内部監査による社内の不正等があれば，税務リスクが生じる可能性が高く，顧問税理士も対応への協力が必要になります。

　一方，税務調査により指摘された事項が，架空経費や別のプロジェクトへの原価付替えといった業務遂行上の不正等でもある場合は，顧問税理士から経営者（取締役）に，修正申告の必要性だけでなく，不正等の再発防止策を提案することもあり，その場合，内部監査室と監査役にも情報共有することが効果的です。内部監査や監査役は，会社内部でしか監査できないため，取引先等への反面調査がなされた税務調査により判明した事実は，ある意味顧問税理士より必要とします。なお，経営者自身による不正等があれば，監査役の本来業務であるため，その是正のためには顧問税理士だけで対応するのではなく，監査役の協力を得る方が効果的です。

　したがって，監査役・内部監査室・顧問税理士は，相互に協力関係を築くことが望まれます。

Q37　税務コンプライアンス

　上場準備中の会社の社外監査役から社長に対して，法令順守の一環とし
て，税務コンプライアンスへの取組みを聞かれたそうですが，社長から，
よくわからないので顧問税理士に聞くよう伝えたのでよろしく，といわれ
てしまいました。上場企業の税務コンプライアンスとは，どのようなもの
でしょうか。また，顧問税理士は税務コンプライアンスにつき，どのよう
に関与すれば良いでしょうか。

A　税務コンプライアンスとは，納税者自身が納税義務を自発的・適正に履
　　行することをいいます。顧問税理士は納税者自身ではないので，あくま
　　でそれを支援する立場にいます。

解説

1．背景

　2016年に国税庁から，大企業^(※)に対し，自社で積極的に税務コンプライア
ンスを維持・向上することを推進することで，企業は税務リスクの軽減と税務
調査が減ること，および課税当局は調査対応が減るとの両方にメリットがある
として，「税務に関するコーポレートガバナンスの充実に向けた取組の事務実
施要領の制定について」（事務運営指針）が公表されました。ほぼ毎年改正さ
れ（直近では2023年6月27日改正），2021年には「税務に関するコーポレート
ガバナンスの充実に向けた取組について」が公表され，改めてこの取組みの目
的やメリットを解説しています。

（※）国税局調査課所管法人のうち特別国税調査官が所掌する法人（資本金おおむね
　　　40億円以上，約500社）をいいます。なお，今後の方向性として，特別国税調査
　　　官所掌法人以外の法人を対象とすることが検討されています（「納税者の税務コ
　　　ンプライアンスの維持・向上に向けた取組」令和6年2月国税庁）。

２．内容

　税務コンプライアンスは，納税者自身が納税義務を自発的・適正に履行することをいい，その実行のためには，経営者自身が適正な申告の確保に積極的に関与し，かつ，必要な内部統制を構築・運用する，税務コーポレートガバナンスが必要です。

　税務コーポレートガバナンスは，①経営者自らの関与・指導状況，②税務（経理）担当部署等の体制・機能，③内部牽制体制，④税務調査の指摘事項等に係る再発防止策，⑤情報の周知，を確認し評価することで，維持・向上すると考えられます。

　国税局は，特別国税調査官が所掌する法人を実地調査する際，税務コーポレートガバナンスの実施状況等を確認するために「税務に関するコーポレートガバナンス確認表」を会社に作成するよう要請し，また，経営者と面談し，その回答内容等に基づき同体制のレベルを評価し，今後の調査時期や体制を検討します。評価の結果が良ければ，税務調査が事実上軽減・減少することが期待されます。

３．経営者の意識改革

　税務コンプライアンスというと，申告書が適正に作られていることと考え，申告書の作成といえば顧問税理士の守備範囲だろうと考える経営者もいます。ところで，申告書が適正に作成されるためには，申告に必要なデータ等の情報が正しく迅速に作成者の元に集約されなければなりません。すなわち，社内の各部門等から正しく迅速に情報等が経理税務担当者・責任者や顧問税理士に届く体制がない限り，適正な申告書は作成されません。

　そこで，まず経営者の税務に対する意識が，経理税務責任者や顧問税理士に任せきりではなく，また，単に税務コンプライアンスと唱えるだけでなく，自ら税務コーポレートガバナンスに関与することが求められます。上場企業の内部統制というと，金融商品取引法における内部統制（**Q35**参照）しかイメージできない経営者等も多くいますが，税務における内部統制等を整備すること

で，会社の事業資源である資金につき，加算税・延滞税等といった税金として流出することを軽減・防止することができます。

　顧問税理士としては，上場することで国税局特別国税調査官が所掌する法人になる場合，またはそこまで資本金が増えない場合においても，税務コンプライアンス・税務コーポレートガバナンスの必要性を経営者に理解してもらうことや，税務の内部統制体制等の構築にあたって取組むべき事象や対応方法につき，助言することが望まれます。

第7章

企業が上場すると
顧問税理士の役割はより
重要になり責任も重くなります

Q38 税額計算の誤謬

非上場企業であっても上場企業であっても，税額計算のミスや特例適用の判断ミスなどは，起こしてはならないことですが，万が一ミスが生じた場合，上場企業特有の問題はあるでしょうか。

A 過年度の修正申告等をした場合で，金額的重要性が高いと判断され過去の財務諸表等を修正する場合は，遡及処理（**Q34**参照）により，当期の期首残を修正します。

当期の確定申告の提出前にミス等が判明した場合でも，金額的重要性が高く，すでに決算短信を開示しているときは，訂正後の決算短信を開示しなければなりません。

解説

1．過年度の誤謬

修正申告または更正の請求をした場合で，（監査法人等の助言を受けて）金額的またはその内容等からみて財務情報等を遡って修正することになったときは，法人税の申告書も遡及処理による当期の期首残を修正します（**Q34**参照）。なお，修正対象の勘定科目の期首残だけでなく，未払法人税等の計上額の修正や，税効果会計における未払事業税等の将来減算一時差異も考慮します。

ただし，修正額が少額である場合や，課税当局との見解の相違等[※]による修正申告の場合は，遡及処理することなく，修正が確定した期に，損益計算書上は「過年度法人税等」として，貸借対照表上は未払法人税等に追加して計上します。

（※）IR上でのいい訳的な表現ではなく，法令の解釈が複数考えられる等グレーゾーンの場合における会社としての見解と，課税当局の見解との相違等をいいます。

税金費用は計上時の見積額によって財務諸表等に計上されますが，その見積額

が計上時において「入手可能な情報に基づき最善の見積りを行っ」（「会計方針の開示，会計上の変更及び誤謬の訂正に関する会計基準」第55項）ていた場合は，修正額は修正が確定した期に計上することになります。

2．申告前の誤謬

当期の確定申告の提出前にミス等が判明しても，申告書の提出期限までに正しく申告して納税すれば，また，提出後であっても，申告期限内に訂正申告して納税すれば，税務上は問題ありません。

ところで，すでに本決算における決算短信（**Q3**参照）を開示しているときで，そこに記載された財務上の数値につき，金額的重要性が高いミスであるとされれば，決算短信の訂正版を開示しなければなりません[※]。

これは，投資家に対してあらぬ不信感を持たれるリスクもあるため，できるだけ避けたい事態です。この金額的重要性が高いミスが，税額計算のミスによるもので，顧問税理士が税額計算や確定申告書の作成・チェックをしている場合，責任問題になりかねません。非上場の時代は，申告期限前にミス等が発見されれば，経営者等に謝罪したとしてもペナルティは発生しないので，結果オーライでしたが，上場会社の税額計算は短期間で算定・チェックすることになるにもかかわらずミスが許されないため，責任が重くなります。

（※）決算短信の開示後で，有価証券報告書の提出前に，決算短信と有価証券報告書に差異が生じる場合で，投資判断上重要な変更・訂正等の修正（開示した指標値から約0.1％超となるケース等）があれば，訂正理由等も含めて遅滞なく訂正版を開示しなければなりません。

Q39 事前の税務リスク助言

社長から，上場企業になるからにはコンプライアンスを重視する必要が
あるので，今後は法務部を設置して法務リスクを事前に検証するとの話を
聞きました。税務リスクも法務のように事前の検証をすべきと思いますが
現在の税務顧問契約では，法人税等の申告書の作成のほか，経理責任者に
対して毎月の事後的な検証と助言を実施しており，今まではこのような事
後対応でも税務調査を乗り切れていたことから，社長にはそこまでの認識
がないようです。社長に対し，税務について事前の検証を提案するにあ
たって，どのように説明するのが良いでしょうか。

 税務は税法に従って処理等されるため，税務リスクは法務リスクであり，
当然にコンプライアンスの対象となります。通常，法務部は主として弁
護士に相談するような事象を対象としますが，税務リスクを検証するこ
とは稀であることから，税務リスクは顧問税理士が積極的に対応すべき
です。リスクについては法務・税務を問わず，取引等を実施する前に検
証する必要がありますが，行き過ぎたプランニングには注意を要します。

解説
1．法務部

通常，法務部は，日常業務に係る法務リスクへの対応，各種契約の作成・
チェック，訴訟対応のほか，新規取引・前例のない事業等に関する法令上の問
題・論点等がないかを事前に検討します。法務部内に弁護士資格者が在籍して
いる場合でも，内容が複雑であったり複数の見解等が想定されたりする場合等
は，顧問弁護士と相談し，場合によってはセカンドオピニオンの意見も参考と
して，社内においては法令違反することがないように，事後においてはトラブ
ル等を解決することが求められます。

2．税務部

　ある程度の規模の会社には，経理部から独立して税務部を設置していること
もあります。ただし，上場企業においては法務部の設置は事実上強制であるの
に対し，税務部についてはその設置を積極的には求められていません。した
がって，経理部の中に税務スタッフまたは税務がある程度わかるスタッフがい
るだけで，あとは顧問税理士に丸投げの上場会社も事実上多くあります。

　ところで，前記1．の法務部を税務部，弁護士を税理士と読み替えてみた場
合，それは何ら違和感なくその必要性が理解できるのではないでしょうか。

　すなわち，税務部または税務スタッフ等は，経理処理における税務処理への
対応だけでなく，日常業務に係る税務リスクへの対応，各種契約における税務
上の影響の判断，税務訴訟対応のほか，新規取引・前例のない事業等に関する
税務上の問題・論点等がないかを事前に検討する必要があるのです。社内に税
理士資格者が在籍している場合でも，内容が複雑であったり複数の見解等が想
定されたりする場合等は，顧問税理士と相談し，場合によってはセカンドオピ
ニオンの意見も参考として，社内においては税務リスクが生じないように，事
後においては税務調査等への対応・修正申告すべきか訴訟すべきか等を検討し
解決することが求められます。

3．戦略的プランニングのリスク

　会社によっては，税をプランニングする税務企画的な役割を担う専門部隊を
抱えているケースもあります。M&Aや組織再編等を事前に検討するにあたっ
て，税務的な影響を検証対象とする，といった趣旨であれば特段問題になるよ
うなことはないと考えられます。しかし，法令上適用可能であるとして過度な
節税プランを策定しているようなケースであって，合法的とはいえその税法の
立法趣旨等と異なる場合は，税務否認・訴訟の敗訴による金額的・風評的リス
クになることもあります。場合によっては税制改正により，他社におけるまと
もな取引に係る税額にまで影響を与えてしまうこともあります。

　ちなみに，このような場合でも，税務を法務に読み替えれば，リスクがわか

りやすいと思います。

　経営者の中には，税務部の設置や税務スタッフ増員により管理コスト等が増加するような場合は，代わりに利益（節税等のメリット）を求める傾向にある人もいるため，税務リスクへの事前検証の必要性を経営者に説明する際には，このようなケースに留意しつつ，税務も法務（税法も法律）なのだと理解してもらうことが望まれます。

プロマーケットへの上場

　東京証券取引所には，プロ向け市場（TOKYO PRO market）があります。

　プロ投資家のみが売買に参加することから，通常の市場に上場するより，各種要件等が緩やかになっています。

　上場審査は，東証に代わってJ-Adviser（東証が一定の要件を満たしているとして資格を認証した法人）が実施し，上場後の適時開示の支援など，主幹事証券会社としての役割も行います。

　上場基準における形式基準（**Q2**参照）はなく，上場前の会計監査は2年間ではなく1年間でよく，上場後の内部統制報告書や四半期開示は必須ではありません。公募増資・売出も必要ないため，資本政策も策定する必要はなく，株式も希薄化しません。ただし，流動性がほぼないため，創業者利得やストックオプション等の活用は非常に困難です。

　では，公募増資等をしないIPOのメリットとは何でしょうか。

　たとえば，プロマーケットであっても上場会社であることから，会社のサイトや名刺等に東証の上場会社であるロゴを付すことができます。特に海外での取引にあたっては，日本の上場会社であることから外国法人からの信頼を得やすいといわれています。

　また，内部統制・管理体制の整備は必要であることから，通常の市場に上場する前の準備的な効果を期待して上場することもあります。借入について経営者の個人保証が付されている場合は外すこともできます。

　通常の市場への上場に比べて，顧問税理士が活躍する機会は少ないものの，ガバナンス，コンプライアンス，予算統制，関連当事者間取引の牽制体制等が必要であることから，これらの整備等に合わせて税務リスクを軽減するような支援が可能と思われます。

Q40 事前の税務シミュレーション

上場準備中の会社につき，主幹事証券会社から，上場時の公募増資による資金の利用目的について聞かれたそうです。社長は，事業拡大のための増員やITに関連する設備投資をすると回答したそうですが，他にも新規事業やM&A，役員報酬の増額なども考えているようです。上場で資金が潤沢になるため，増大すると想定される税務リスク等，留意すべき事項を教えてください。

A 企業買収にあたっては株式交換や株式交付がより用いやすくなり，それに伴う組織再編税制の事前検証が必要になります。

取締役への報酬は，株式の交付や業績連動制等も取り入れることが可能ですが，上場後も同族会社に該当する場合は，業績連動制は税制適格になりません。

解説

1．新規上場で調達する資金

新規上場時における公募増資で調達する資金の使途として，M&Aや新規事業のためとすると，審査上問題視されます。

なぜなら，具体的な買収予定がなく漠然とM&Aのために資金調達するというのは，相手が未定なので実行可能性が低いと考えられるからです。新規事業の立上げについては，非上場時代は銀行融資が通るか等も含め精緻な事業計画を立てますが，上場直後は資金的に余裕があることや，上場の原動力となった既存事業の成功体験から脇の甘い事業計画になりがちであり，また，その会社における実績が当然ないことから投資判断にマイナスの影響を与えることもあります。

そこで，新規上場時の公募増資資金は，事業拡大等のための設備投資や人員

増に伴う人件費に充当するといった内容が多くみられます。

2．M&Aの手段

　非上場時代の第三者間のM&Aは，相手先に譲渡代金を渡すため，自己資金か金融機関からの融資により実施しますが，上場後の企業買収は，自社の発行する株式に換金性があるため，相手方が承諾すれば，株式交換や株式交付により，実施することが可能となります。

　なお，会計上は取得に該当するため連結決算では各資産等を時価で受入処理し，株式交換等による発行株式の株価総額と時価純資産の差額はのれん（**Q27**参照）となります。また，法人税上は適格要件を満たさないと時価課税[※]されてしまうので，注意が必要です。

（※）土地等・固定資産・有価証券・金銭債権・繰延資産について時価評価されて含み損益に課税されます。ただし，帳簿価額が1,000万円未満のもの，含み益が1,000万円（資本金等が2,000万円未満であれば資本金等の50％）未満のもの，売買目的有価証券，償還有価証券，前5年事業年度内で圧縮記帳した減価償却資産，完全子会社の時価が簿価未満のもの，を除きます。

3．新規事業

　既存事業と異なる取引形態等の場合は，改めて起こりうる税務リスクの可能性をすべて検討する必要があります。既存事業については，既に税務調査による指摘の是正や顧問税理士の助言等で税務リスクは軽減されていると考えられますが，新規事業については過去の是正履歴がないため，事前に税務リスクを想定して軽減を図る必要があります。非上場時代と異なり，投入する資金や規模等が大きくなりがちなので，企画段階からの顧問税理士の関与が望まれます。

4．株式報酬等

　損金算入可能な役員報酬は，非上場時代には，定期同額給与と事前確定届出給与だけでしたが，上場後は一定の条件をクリアした業績連動給与を支給する

ことができ，また，金銭以外に株式や新株予約権を交付することができます。たとえば，役員としての任期をまっとうしたことによるリストリクテッドストック（事前に譲渡制限付き株式を付与され一定期間満了時に譲渡制限が解除）や，パフォーマンスシェア（事前に譲渡制限付株式を付与され一定期間満了時に業績目標等を達成したことにより譲渡制限が解除）等があります。また，事前ではなく要件クリア後にポイント等に応じて譲渡制限のない株式を付与するものや，これらを換算して金銭で支給するものもあります^(※)。比較的多くの企業が導入している制度としては，退任時までに付与されたポイントに応じて株式を交付される株式交付信託（コラム「日本版ESOP」参照）もあります。

　ただし，業績連動により支給される報酬を損金算入するためには，利益・売上・株価を指標として報酬委員会等により決定された算定方法を有価証券報告書に記載する等の要件を満たす必要があり，同族会社（非同族会社の完全子会社を除く）に該当する場合は損金算入されません。

　したがって，これらの制度により支給される報酬につき，法人税上の損金算入要件を満たすかどうか，顧問税理士は事前に検証する機会を得るべきと考えられます。

　なお，役員報酬や役員賞与は，形式要件を満たしていても，その報酬額が不相当に高額であるとされれば，損金算入できませんが，上場会社の場合は株主総会等の承認を得ていることから，基本的にはありえないと考えられています。

　ちなみに最近は，株式報酬につき，役員だけでなく従業員にも範囲を拡大して支給することが増えてきました。これは，役員だけでなく従業員も株価を意識して業務執行することが期待されるためです。

（※）リストリクテッドストックユニット，パフォーマンスシェアユニット，ファントムストック（仮想株式を付与し，一定期間経過後に仮想株式を現金で買い戻す），ストックアプリシエーションライト（権利付与時と権利行使時の株価の差額を現金等で支給する）等があります。

　　株式報酬と同じ効果を金銭で支給する場合のメリットは，以下のとおりです。
　・発行済株式数や資本構成に影響を与えない（希薄化は生じない）。

- 株式報酬制度の利用が不利な国・地域（税制等）においても，株式を交付したのと同様のインセンティブ効果が生じる。
- 金銭支給しているので，株式報酬の納税資金の確保の問題は生じない（株式報酬は金銭が支給されないため納税資金を別途用意する必要がある）。
- 株式の売買を伴わないため，インサイダー問題は生じない。
- 株式を交付した場合に生じる非居住者の口座管理の問題が生じない。
- 株価を業績指標として金銭で支給する賞与であるため，事務負担は軽く，外部委託は不要。
  一方，デメリットとしては以下のとおりです。
- 権利行使時（報酬支給時）にその会社からキャッシュアウトが生じる（株価が想定以上に上昇した場合，キャッシュ負担は大きい）。
- 株式報酬制度では付与株式を保有している限り一定のインセンティブ効果が継続するが，金銭で支給するので，報酬の支給以降のインセンティブ効果はない（付与後の値上がり益が期待できない）。
- 社内の報酬制度として国内は「株式」付与，海外は「金銭」付与とした場合，報酬制度の統一性・一体感はない。

Q41 税務調査・税務訴訟

税務調査が入って修正すべき事項の指摘を受けた場合，今までは，課税当局と争うことなく社長に対し説得することで，修正申告をしていました。上場企業になると，修正申告より更正を受けたほうが良いと聞きましたが，なぜでしょうか。

A 事実誤認の可能性やグレーゾーンの解釈等による見解の相違等であれば，会社側に税務処理ミスや租税回避の意思はないとの認識を明確にするために，修正申告に応じず更正・決定を受けることで，不服申立てや訴訟することができ，また，投資家等に対して単なるミス・不正は生じていないとの経営責任を説明することができます。

解説

1．修正申告

明らかに納税者である会社側のミスや不正による申告漏れであれば，修正申告に応じざるを得ません。

一方，課税当局の事実認定に対し異論がある場合や，法令解釈上グレーゾーンの可能性がある場合でも，税務調査の期間をこれ以上延ばして，経営者の精神的な負担・経理スタッフ等の業務負荷増や，不確定要素を残して決算を迎えることを避ける等のため，お金で解決できればそれで良し[※]として，修正申告に応じることがあります。

しかし，修正申告とは納税者がミス等を認めて自主的に行うものであることから，この後，不服申立て（再調査の請求・審査請求）や訴訟を起こすことはできません。

また，修正申告に応じることで，会社側にミス・不正等が生じていたことを認めることとなり，社内の税務コンプライアンス体制が不十分であったとされ

ます。さらに，その金額や内容の重要性等によっては，過年度遡及処理（**Q38**参照）することになり，場合によっては経営責任を問われかねません。

（※）売上に対する税引前利益率が10％の場合，追徴税額として本税300万円を課されたとしたら，実効税率30％とすると，税引前利益1,000万円，売上にして１億円相当に該当します。すなわち，売上１億円を稼ぐための苦労が水の泡です。追徴税額は本税および加算税・延滞税等のペナルティが損金計上できないことも鑑みると，たとえ税額が少額に見えても，今後の取引に影響が生じる可能性等も踏まえ，単純ミス・不正等でない限り，安易に修正申告に応じるべきではないと考えられます。

2．更正・決定

　課税当局の事実認定に納得いかない場合や，グレーゾーンの法令解釈で指摘を受けた場合，納税者である会社は修正申告に応じるか否か，費用対効果を検討したうえで判断します。すなわち，修正申告に応じなければ，課税当局側は，処分の理由を文章化した更正・決定をすることになるため，当局からの追加資料等の依頼に応じる必要が生じ，税務調査の期間が長くなり，また，その対応のため経理スタッフ等の業務量が増大します。そこでこれらのコストや否認額の大きさ・風評被害等と，不服申立てや訴訟をすることの勝率等を鑑みて，判断することになります。

　ただし，修正申告をせず，更正・決定を受けたからといって，必ずしも不服申立てや訴訟を実際に起こす必要はありません。課税当局との見解の相違により不服申立てを検討する旨を公表し，そのような姿勢をとることで，経営責任等がないことを事実上表明するケースもあります。

　ちなみに，更正・決定を受けた場合，納税額をいったん納付することが一般的です。この場合の会計処理は，見積計上ミスではないため，会計処理は過年度法人税等とします（**Q38**参照）。

Q42　上場会社の顧問税理士が注意すべき事項

今まで顧問先の顧問税理士としてだけでなく監査役にも就任していました。顧問先が上場企業になると，監査役または顧問税理士のどちらかから外れる必要があるのでしょうか。また，仮に監査役と顧問税理士を兼務した場合，私に関する情報が開示されることがあるのでしょうか。

A 顧問税理士と監査役の兼務は，法的に禁止されていませんが，兼務することの弊害があるとされて，新規上場時はどちらかを外す必要があります。上場後に兼務することになった場合は，1,000万円超の取引についてすべて開示の対象となります。

解説

1．監査役の立場

監査役は，その会社や子会社の取締役・支配人・その他の使用人，子会社の会計参与・執行役を兼務できません（会社法第335条）。ところで，使用人の定義は法律にはなく，顧問税理士は従業員ではありませんが，会社と委任契約に基づき税務に関する役務を提供していることから，広い意味で使用人性があるとも考えられています。したがって，新規上場時の審査では，グレーゾーンを排除するため，監査役は顧問税理士を兼務することを事実上禁止しています。

2．顧問税理士の立場

税理士は，「税務に関する専門家として，独立した公正な立場において，申告納税制度の理念にそつて，納税義務者の信頼にこたえ，租税に関する法令に規定された納税義務の適正な実現を図ることを使命とする」（税理士法第１条）とあるように，独立した公正な立場を求められます。監査役は会社の業務執行から独立した立場で取締役の職務執行に関する監査等を行います。どちら

も独立した立場ですが，その判断等が必ずしも一致するとは限りません。たとえば，税務顧問契約における条件等は，取締役が直接承認していなくても，取締役の業務執行の範囲内であることから，仮に（そんなことは実際にはないとしても可能性として）高額な顧問料を請求して取締役が承認し監査役がそれに対して意見を述べる，といった状況に対して，利益相反が生じてしまいます。そこで，顧問税理士は監査役を兼務することはできないと考えられています。

3．顧問料・監査役報酬

　監査役の報酬は，取締役の報酬と同様にその総額を有価証券報告書に記載され，株主総会承認決議の対象となります。一方，顧問税理士の顧問料は会社における各種取引と同様，1つひとつ開示の対象になることはありません。そこで，仮に兼務してしまうと，たとえば，本来であれば監査役の報酬として支払うべき額を顧問料として支払ったりすることも可能になってしまうと考えられます。その点からも，兼務はすべきでないとされています。

　なお，上場後に兼務しているケースもありますが，その場合，1,000万円超の取引[※]について，すべて開示の対象となります。また，顧問税理士が税理士法人であり，代表者が監査役の場合は，税務顧問契約において監査役となっている者がその税務顧問業務に一切関与しないことを明記して，監査役の報酬と税理士報酬を区別できるようにしているケースもあります。

　（※）「関連当事者の開示に関する会計基準の適用指針」参照。

■編者紹介

OAG税理士法人

〈東京事務所〉

〒102-0076　東京都千代田区五番町6番地2　ホーマットホライゾン6階

TEL：03-3237-7500　FAX：03-3237-7510　https://www.oag-tax.co.jp/

税理士・公認会計士を中心とした高い専門性を有する多くのスペシャリストで構成されている。特定の専門分野ごとにチームを作り，各チームに蓄積されたスキルやノウハウを最大限に引き出すことで，共同してお客様の要望に合わせたプロジェクトを組み，最善の方法を提供している。

■著者紹介

清水かおり

1987年税理士登録。2000年太田・細川会計事務所（現OAG税理士法人）入社。コンサルティング会社・監査法人・会計事務所等及び現法人にて，上場支援，資本政策，税務リスクマネジメント，不正調査，内部監査，会計監査補助，内部管理体制整備，M&A等財務税務デューデリジェンス，事業承継対策，に従事。

（著書）『新しい税務戦略を実行していますか』（共著，中経出版），『税務コンプライアンスと企業経営』（共著，ぎょうせい），『法人税の最新実務Q&Aシリーズ　のれん・ソフトウェア・研究開発費』（共著，中央経済社），『事業承継の相談事例と実務の最適解』（共著，日本法令）

■監修

水谷俊夫

OAG税理士法人　資産承継部部長

大手上場企業において財務・税務（国際税務を含む）等を担当後，2011年OAG税理士法人入社。上場支援，資本政策，税務リスクマネジメント，不正調査，事業承継対策，上場準備会社・上場会社のオーナー向け所得税・相続・相続税対策に従事。

IPOを相談されたら税理士が読む本

2024年6月1日　第1版第1刷発行

編　者	OAG税理士法人	
発行者	山　本　　　継	
発行所	㈱中央経済社	
発売元	㈱中央経済グループ パブリッシング	

〒101-0051　東京都千代田区神田神保町1-35
電　話　03 (3293) 3371 (編集代表)
　　　　　03 (3293) 3381 (営業代表)
https://www.chuokeizai.co.jp
印刷／三英グラフィック・アーツ㈱
製本／㈲井上製本所

© 2024
Printed in Japan

●実務・受験に愛用されている読みやすく正確な内容のロングセラー！

定評ある税の法規・通達集 シリーズ

所得税法規集
日本税理士会連合会
中央経済社 編

❶所得税法 ❷同施行令・同施行規則・同関係告示 ❸租税特別措置法（抄） ❹同施行令・同施行規則・同関係告示（抄） ❺震災特例法・同施行令・同施行規則（抄） ❻復興財源確保法（抄） ❼復興特別所得税に関する政令・同省令 ❽災害減免法・同施行令（抄） ❾新型コロナ税特法・同施行令・同施行規則 ❿国外送金等調書提出法・同施行令・同施行規則・同関係告示

所得税取扱通達集
日本税理士会連合会
中央経済社 編

❶所得税取扱通達（基本通達／個別通達） ❷租税特別措置法関係通達 ❸国外送金等調書提出法関係通達 ❹災害減免法関係通達 ❺震災特例法関係通達 ❻新型コロナウイルス感染症関係通達 ❼索引

法人税法規集
日本税理士会連合会
中央経済社 編

❶法人税法 ❷同施行令・同施行規則・法人税申告書一覧表 ❸減価償却耐用年数省令 ❹法人税法関係告示 ❺地方法人税法・同施行令・同施行規則 ❻租税特別措置法（抄） ❼同施行令・同施行規則・同関係告示 ❽震災特例法・同施行令・同施行規則（抄） ❾復興財源確保法（抄） ❿復興特別法人税に関する政令・同省令 ⓫新型コロナ税特法・同施行令 ⓬租特透明化法・同施行令・同施行規則

法人税取扱通達集
日本税理士会連合会
中央経済社 編

❶法人税取扱通達（基本通達／個別通達） ❷租税特別措置法関係通達（法人税編） ❸減価償却耐用年数省令 ❹機械装置の細目と個別年数 ❺耐用年数の適用等に関する取扱通達 ❻震災特例法関係通達 ❼復興特別法人税関係通達 ❽索引

相続税法規通達集
日本税理士会連合会
中央経済社 編

❶相続税法 ❷同施行令・同施行規則・同関係告示 ❸土地評価審議会令・同省令 ❹相続税法基本通達 ❺財産評価基本通達 ❻相続税法関係個別通達 ❼租税特別措置法（抄） ❽同施行令・同施行規則（抄）・同関係告示 ❾租税特別措置法（相続税法の特例）関係通達 ❿震災特例法・同施行令・同施行規則（抄）・同関係告示 ⓫震災特例法関係通達 ⓬災害減免法・同施行令（抄） ⓭国外送金等調書提出法・同施行令・同施行規則・同関係告示 ⓮民法（抄）

国税通則・徴収法規集
日本税理士会連合会
中央経済社 編

❶国税通則法 ❷同施行令・同施行規則・同関係告示 ❸同関係通達 ❹国外送金等調書提出法・同施行令・同施行規則 ❺租税特別措置法・同施行令・同施行規則（抄） ❻新型コロナ税特法・令 ❼国税徴収法 ❽同施行令・同施行規則・同告示 ❾滞調法・同施行令・同施行規則 ❿税理士法・同施行令・同施行規則・同関係告示 ⓫電子帳簿保存法・同施行令・同施行規則・同関係告示 ⓬デジタル手続法・同国税関係法令に関する省令・同関係告示 ⓭行政手続法 ⓮行政不服審査法 ⓯行政事件訴訟法（抄） ⓰組織的犯罪処罰法（抄） ⓱没収保全と滞納処分との調整令 ⓲犯罪収益規則（抄） ⓳麻薬特例法（抄）

消費税法規通達集
日本税理士会連合会
中央経済社 編

❶消費税法 ❷同別表第三等に関する法令 ❸同施行令・同施行規則・同関係告示 ❹消費税法基本通達 ❺消費税申告書様式等 ❻消費税法等関係取扱通達等 ❼租税特別措置法（抄） ❽同施行令・同施行規則（抄）・同関係告示・同関係通達 ❾消費税転嫁対策法・同ガイドライン ❿震災特例法・同施行令（抄）・同関係告示 ⓫震災特例法関係通達 ⓬新型コロナ税特法・同施行令・同施行規則・同関係告示・同関係通達 ⓭税制改革法等 ⓮地方税法（抄） ⓯同施行令・同施行規則（抄） ⓰所得税・法人税政省令（抄） ⓱輸徴法令 ⓲関税法令（抄）・同関係告示 ⓳関税定率法令（抄） ⓴国税通則法令・同関係告示 ㉑電子帳簿保存法令

登録免許税・印紙税法規集
日本税理士会連合会
中央経済社 編

❶登録免許税法 ❷同施行令・同施行規則 ❸租税特別措置法・同施行令・同施行規則（抄） ❹震災特例法・同施行令・同施行規則（抄） ❺印紙税法 ❻同施行令・同施行規則 ❼印紙税法基本通達 ❽租税特別措置法・同施行令・同施行規則（抄） ❾印紙税額一覧表 ❿震災特例法・同施行令・同施行規則（抄） ⓫震災特例法関係通達等

中央経済社